키워드로 배우는 **일본어** 한자

임명수 · 차일근 · 최석완 · 하야시 토모코 저

　이 교재는 초급 수준의 일본어 한자용어를 효과적으로 익힐 수 있도록 고안해서 만든 학습서이다. 우리나라와 일본은 똑같은 한자 문화권에 속해 있다. 그러나 한자를 활용하는 면에서는 두 나라 사이에 차이가 있다. 우리나라에서는 굳이 한자를 익히지 않더라도 일상생활을 하는 데 큰 불편을 느끼지 못한다. 이에 비해 일본에서는 거의 모든 말과 표현에 한자가 사용되는 까닭에, 초등학교 저학년서부터 한자 학습에 많은 시간과 노력을 기울인다. 이는 달리 표현하자면, 한자에 대한 정확한 이해와 습득 없이는 일본어를 정복할 수 없다는 말이 된다. 일본어 실력을 비약적으로 향상시키려는 학습자에게 있어서 한자 습득은 반드시 극복해야 할 과제가 아닐 수 없다.

　대진대학교 일본학과 교수진은 지난 10여 년 간의 일본어 교육을 통해, 일본어 한자를 효과적으로 익힐 수 있는 방법을 끊임없이 모색해 왔다. 일본어 한자를 익히는 과정에서 학습자들이 특히 어렵게 느끼는 점은 무엇인지, 또 한자 습득이 곧바로 실생활에 적용되지 못하는 이유는 어디에 있는지 등에 대해 고민하면서 그 해결책을 제시하고자 노력해 왔다. 이렇게 장기간 심사숙고를 한 끝에, 지난 2005년 11월 〈한자용어로 배우는 日本語〉를 출판하였다. 이 교재는 초급 및 중급자를 위한 것이었으나, 실제 강단에서 학생들을 가르쳐보니 일본어 한자용어를 처음으로 접하는 학생들에게는 다소 어렵게 느껴지는 부분이 있음을 알게 되었다. 우리 교수진 사이에서

도 학생들이 다소 쉽게 일본어 한자용어에 접근할 수 있도록 새로운 교재를 마련해야 할 필요성이 있다는 의견이 제기되었다. 새로운 교재를 출판한다는 것이 시기적으로 다소 이른 감이 있는 것은 사실이다. 하지만 학습자에게 하루라도 더 빨리 편의를 제공해야 한다는 관점에서 본 교재를 기획하게 되었다.

본 교재는 지난번 출판한 〈한자용어로 배우는 日本語〉와 동일한 편집 방침을 취하였다. 한자 학습의 효과를 높이기 위해 한자용어를 중심으로 한자를 익히도록 하였고, 이렇게 익힌 한자가 실제 일상생활에서 곧바로 사용될 수 있도록 적절한 예문을 곁들여 놓았다. 또 과중한 학습 부담은 일본어 자체에 대한 흥미를 떨어뜨릴 우려가 있다고 보고, 관련 용어의 제시를 최소화하였다. 이 교재를 선택한 일본어 학습자는 일본어 정복이 그리 멀지 않음을 실감하게 될 것이라고 확신한다. 앞으로도 우리 교수진은 일본어 교육을 위한 공동 연구를 게을리 하지 않을 것이며, 본 교재에 대해서도 수정과 보완을 계속해 갈 것이다.

2007년 11월
저자 일동

1장

一日&一年

- 朝・昼・夜・夕・晩・午前/午後・春・夏・秋・冬
- 年・月・週・日・時・分・秒・昨日・今日・明日

※一月・二月・三月・四月・五月・六月・七月・八月・九月・十月・十一月・
十二月

※月曜日・火曜日・水曜日・木曜日・金曜日・土曜日・日曜日

※一日・二日・三日・四日・五日・六日・七日・八日・九日・十日・十一日・
・・十四日・・・二十日・・・二十四日・・・三十一日

※おととい・昨日・今日・明日・あさって

先々週・先週・今週・来週・さ来週

先々月・先月・今月・来月・さ来月

おととし・昨年/去年・今年・来年・さ来年

朝【名】あさ・チョウ

아침 조

- 朝日(あさひ：아침 해)
- 朝刊(ちょうかん：조간)

例文 ① 朝早く起きた。

아침 일찍 일어났다.

② いつも朝食はコーヒーだけだ。

언제나 아침식사는 커피뿐이다.

昼【名】ひる・チュウ

낮 주

- 昼寝(ひるね：낮잠)
- 昼食(ちゅうしょく：점심)

例文 ① 会議は昼過ぎまでかかった。

회의는 정오가 지날 때까지 걸렸다.

② 「外でお昼を食べよう。」

밖에서 점심을 먹자.

夜【名】よる・よ・ヤ

밤 야

- 夜中(よなか：밤중)
- 深夜(しんや：심야)

例文

① 夜も昼も電話がつながらない。

하루종일 전화가 불통이다.

②「夜分、遅くすみません。」

밤 늦게 죄송합니다.

夕【名】ゆう・セキ

저녁 석

- 夕方(ゆうがた：저녁)

例文

① 夕方になって、少し風が出てきた。

저녁이 되어 조금 바람이 불기 시작했다.

② 夕焼けが真っ赤だ。

저녁노을이 새빨갛다.

晩【名】ばん

● 晩婚(ばんこん：만혼)

例文 ①「きょうの晩御飯は焼肉ね。」

　　오늘 저녁은 불고기야.

② この小説は彼の晩年の作品である。

　　이 소설은 그의 만년의 작품이다.

午前　午後
낮 오　앞 전　　낮 오　뒤 후

午前/午後【名】ごぜん/ごご

例文 ① 日本語の学院には、午前と午後のクラスがある。

　　일본어 학원에는 오전과 오후 수업이 있다.

② この仕事は午前中で終わる予定だ。

　　이 일은 오전 중에 끝날 예정이다.

※「午後中」×→「午後」

春【名】はる・シュン

- 春先(はるさき：초봄)
- 立春(りっしゅん：입춘)

例文 ① 春は暖かい。

봄은 따뜻하다.

② 青春時代が懐かしい。

청춘시절이 그립다.

夏【名】なつ・カ・ゲ

- 夏休み(なつやすみ：여름 방학)
- 冷夏(れいか：시원한 여름)
- 夏至(げし：하지)

例文 ① 夏は暑い。

여름은 덥다.

② 今年は冷夏になるらしい。

올해는 시원한 여름이 될 듯하다.

秋
가을 추

秋【名】あき・シュウ

- 秋風（あきかぜ：가을 바람）
- 晩秋（ばんしゅう：만추, 늦가을）

例文 ① 秋は涼しい。

가을은 시원하다.

② 晩秋のヨーロッパを旅する。

만추(늦가을)의 유럽을 여행하다.

冬
겨울 동

冬【名】ふゆ・トウ

- 冬山（ふゆやま：겨울 산）
- 冬眠（とうみん：동면）

例文 ① 冬は寒い。

겨울은 춥다.

② 冬季オリンピックを開催する。

동계 올림픽을 개최하다.

問題1 違った読み方をしている言葉をひとつ選びなさい。

(1) 아침 조
　　① 朝食　　② 朝刊　　③ 朝日　　④ 朝会

(2) 여름 하
　　① 夏休み　② 夏空　　③ 夏山　　④ 冷夏

問題2 正しい読み方を選びなさい。

(1) 晩秋(① まんしゅう　② ばんしゅう　③ ばんしゅ)の山を登るの
　　は久しぶりだ。

(2) 6月の22日は夏至(① かし　② なつし　③ げし)である。

問題3 下から最も適当な言葉を選びなさい。

(1) 正午になるまでの時間を＿＿＿＿＿＿といいます。

(2) 冬の間＿＿＿＿＿＿していた動物たちも＿＿＿＿＿＿になって
　　姿を見せていました。

(3) ＿＿＿＿＿＿をしたせいか＿＿＿＿＿＿映画が終わるまで全然
　　眠くならなかった。

　　① 昼寝　　② 冬眠　　③ 午前　　④ 深夜　　⑤ 春先

年【名】とし・ネン

해 년

- 今年(ことし：올해)
- 去年(きょねん：지난해)

例文

① 年の始めに一年の計画を立てる。

연초에 한 해의 계획을 세우다.

②「生年月日を教えてください。」

생년월일을 가르쳐 주십시오.

月【名】つき・ガツ・ゲツ

달 월

- 月末(げつまつ：월말)
- 月給(げっきゅう：월급)

例文

① 月毎に会費を払う。

매월 회비를 내다.

② 一ヶ月に一度集まる。

한 달에 한 번씩 모이다.

週【名】シュウ

- 週末(しゅうまつ：주말)
- 毎週(まいしゅう：매주)

例文 ① 来週、日本に行く予定だ。

다음 주에 일본에 갈 예정이다.

② 一週間の休みを取った。

일주일간 휴가를 냈다.

日【名】ひ・ニチ

- 日付(ひづけ：날짜)
- 初日(しょにち：첫날)

例文 ① 論文提出まで、もう日がない。

논문 제출까지 이제 며칠 남지 않았다.

② 毎日ジョギングをしている。

매일 조깅을 하고 있다.

時【名】とき・ジ

- 時間(じかん：시간)
- 時計(とけい：시계)＊特殊読み

例文 ① 時は金なり。〈ことわざ〉

시간은 금이다.

※　時は金のように貴重であるから、浪費してはならない。
시간은 황금과 같이 소중하기 때문에 낭비해서는 안 된다.

②「アルバイトの時給はいくらですか。」

아르바이트 시급은 얼마입니까.

分【名】ブン・フン・分(わ)ける

- 春分(しゅんぶん：춘분)
- 秋分(しゅうぶん：추분)

例文 ① この映画の上映時間は2時間30分だ。

이 영화의 상영 시간은 2시간 30분이다.

②「人の分まで食べないで。」

남의 몫까지 먹지 마라.

秒【名】ビョウ

● 秒針(びょうしん：초침)

例文 ① 一分一秒を争う。

일 분 일 초를 다투다.

② 秒速10メートルの風が吹いている。

초속 10미터의 바람이 불고 있다.

昨日【名】さくじつ・きのう

※「きのう」と書く場合は、普通ひらがな表記。

例文 ① きのうはアルバイトがあった。
어제는 아르바이트가 있었다.

② 「昨日お目にかかりました木村です。」
어제 뵈었던 기무라입니다.

今日【名】こんにち・きょう

※「きょう」と書く場合は、普通ひらがな表記。

例文 ① きょうはデートがある。

オ늘은 데이트가 있다.

② 今日の世界情勢を考えると、不安になることばかりだ。

오늘날의 세계정세를 생각하면 불안해지는 일 뿐이다.

明日【名】あす・あした(내일)

※「あした」と書く場合は、普通ひらがな表記。

例文 ① あしたの授業は休講だ。

내일 수업은 휴강이다.

②「明日の時代を切り開くのは君たち若者だ。」

내일의 시대를 헤쳐 나가는 것은 자네들과 같은 젊은이들이다.

問題1 最も適当な言葉を選びなさい。

(1) 今回のテストの結果は、(다음주)水曜日までに本人にお知らせ
します。
① 先週　　② 来週　　③ 今週　　④ 明週

(2) (어젯밤) 子供が熱を出して、寝るところではなかった。
① 昨夜　　② 先夜　　③ 昨日　　④ 夜分

(3) <u>あしたごごいちじ</u>まで会議室に集まってください。
① 明日午後一時　　　　② 明日正午一時
③ 先日午後一時　　　　④ 先日午前一時

問題2 左右を線で結びなさい。

(1) 次の日　　　　　　　　　　毎月
(2) 次の週　　　　　　　　　　明日
(3) 本日　　　　　　　　　　　初日
(4) 月ごと　　　　　　　　　　去年
(5) 最初の日　　　　　　　　　今日
(6) 昨年　　　　　　　　　　　来週
(7) 前の日　　　　　　　　　　昨日

2장

気候

天気・晴れ・曇り・雨・雪・風・雷・地震・気温・湿度

天気【名】てんき

● 天気予報(てんきよほう：일기예보)

例文　① テレビの天気予報を見る。

텔레비전의 일기예보를 보다.

②「あしたは、天気になるかな?」

내일은 맑으려나?

※　狭義では、晴天を指す。

晴れ【名】はれ・セイ・晴(は)れる

● 晴天(せいてん：맑은 날)

例文　① きょうの天気は晴れ時々曇りだ。

오늘 날씨는 맑으며 가끔 구름이 낀다.

② 晴れ※の入学式を迎えることができた。

경사로운 입학식을 맞이할 수 있었다.

※　その人の生涯において記念すべきうれしい出来事。
그 사람의 생애에 있어 기념해야 할 기쁜 일.

曇
흐릴 담

曇り【名】くもり・ドン・曇(くも)る

● 曇天(どんてん：흐린 날씨)

例文 ① きょうの天気は曇りのち雨らしい。

오늘 날씨는 흐리고 비인 것 같아.

② レンズの曇りが気になる。

렌즈의 김서림이 신경 쓰인다.

雨
비 우

雨【名】あめ・あま・ウ

● 長雨(ながあめ：장맛비)
● 雨具(あまぐ：우구, 비 오는 날 쓰이는 우비, 우산, 장화 등의 총칭)
● 梅雨(ばいう/つゆ：장마)＊特殊読み

例文 ① 雨が降ってきたと思ったら、すぐにやんだ。

비가 오는가 싶더니 금방 그쳤다.

② 「運動会は雨天順延です。」

운동회는 비로 연기되었습니다.

雪【名】ゆき・セツ

- 雪だるま(ゆきだるま：눈사람)
- 積雪(せきせつ：적설)

例文 ① 「雪はすべるので、気をつけてね。」

눈이 미끄러우니까 조심해.

② 山には、まだ残雪がある。

산에는 아직 잔설이 있다.

風【名】かぜ・かざ・フウ・フ

- 北風(きたかぜ：북풍)
- 台風(たいふう：태풍)

例文 ① 風が吹く。

바람이 분다.

② 今夜は台風がもっとも接近する。

오늘 밤은 태풍이 가장 가까이 접근한다.

雷【名】かみなり・ライ

● 雷雨（らいう：뇌우）

例文 ① 木に雷が落ちた。

나무에 벼락이 떨어졌다.

②「激しい雷雨にご注意ください。」

심한 뇌우에 주의하십시오.

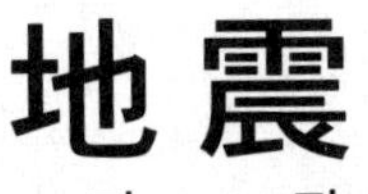

地震【名】じしん

● 地震速報（じしんそくほう：지진 속보）

例文 ①「午前7時3分頃、地震がありました。各地の震度は、

次の通りです。」

오전 7시 3분경, 지진이 있었습니다. 각지의 진도는 다음과 같습니다.

②「この地震による津波の心配はありません。」

이 지진에 따른 해일의 염려는 없습니다.

気温
기운 기　따뜻할 온

気温【名】きおん

- 最高気温(さいこうきおん：최고기온)
- 最低気温(さいていきおん：최저기온)

例文 ① 日中の最高気温が25℃以上の日を夏日という。

한낮의 최고기온이 25도 이상인 날을 여름날이라고 한다.

② 地球温暖化により、気温の上昇が著しい。

지구온난화에 의해 기온 상승이 현저하다.

湿度
축축할 습　법도 도

湿度【名】しつど

- 湿度計(しつどけい：습도계)

例文 ① 湿度70％を超えていて、かなり蒸し暑い。

습도가 70%를 넘어 꽤 무덥다.

② 湿気が多く、湿度も高い。

습기가 많고 습도도 높다.

問題1 最も適当な言葉を選びなさい。

(1) ＿＿＿＿＿＿夏は冷たいビールに限る。

　①厳しい　②涼しい　③暑い　　④厚い

(2) ＿＿＿＿＿＿がやんで出かけることができました。

　①雲　　　②花　　　③空　　　④雨

(3) ＿＿＿＿＿＿さえよければ、明日の運動会は何の問題もない。

　①天気　　②曇り　　③晴れ　　④雨天

(4) そろそろ＿＿＿＿＿＿なので、雨具の手入れをしておこう。

　①雷雨　　②夏日　　③梅雨　　④夏至

問題2 左右を線で結び、正しい文にしなさい。

(1) 湿度が高くて　　　　　どこかへ出かけたくなる。
(2) 地震に伴って　　　　　蒸し暑い。
(3) 晴れた日には　　　　　津波が来る場合が多い。
(4) 風ばかりか　　　　　道がすべるようになった。
(5) 雪が降って　　　　　雨まで降ってきた。

3장

位置&方向

上・下・前・後ろ・中・右・左・縦・横・東西南北

上 위 상

上【名】うえ・うわ・かみ・ジョウ・ショウ/
上(あ)がる・上(のぼ)る

- 年上(としうえ：연상)
- 上着(うわぎ：겉옷, 상의)
- 上手(かみて：위쪽, 상좌쪽)
- 上級(じょうきゅう：상급)

例文 ① 机の上に本がある。

책상 위에 책이 있다.

②「あした、上京します。」

내일 상경합니다.

※ 都へのぼる。現代では、東京へ行くこと。
도읍지에 가다. 지금은 도쿄에 가는 것.

下 아래 하

下【名】した・しも・もと・カ・ゲ/
下(さ)がる・下(くだ)る・下(お)ろす

- 年下(としした：연하)
- 下手(しもて：아래쪽, 하류쪽)
- 下記(かき：하기)
- 下界(げかい：하계, 인간 세상)

例文 ① テーブルの下にかばんがある。

테이블 밑에 가방이 있다.

② 3月下旬に引っ越す予定だ。

3월 하순에 이사할 예정이다.

前【名】まえ・ゼン

- 前売り(まえうり：예매)
- 前日(ぜんじつ：전날)

例文 ① テレビの前(まえ)にソファがある。

텔레비전 앞에 소파가 있다.

② 「前日(ぜんじつ)に確認(かくにん)のお電話(でんわ)をいたします。」

전날에 확인 전화를 드리겠습니다.

後ろ【名】うしろ・のち・あと・ゴ・コウ・後(おく)れる

- 後ろ姿(うしろすがた：뒷모습)
- 後味(あとあじ：뒷맛)
- 後日(ごじつ：후일)
- 後方(こうほう：후방)

例文 ① 「私(わたし)の後(うし)ろについて来(き)なさい。」

내 뒤에 따라와라.

② 試合(しあい)が終(お)わった直後(ちょくご)、倒(たお)れてしまった。

시합이 끝난 직후 쓰러져 버렸다.

中【名】なか・チュウ

- 真ん中(まんなか：정가운데)
- 中央(ちゅうおう：중앙)

例文 ① ポケットの中に鍵が入っている。

주머니 속에 열쇠가 들어 있다.

② 田中君は、このクラスの中心人物だ。

다나카군은 이 반의 중심인물이다.

右【名】みぎ・ウ・ユウ

- 右手(みぎて：오른쪽)
- 右折(うせつ：우회전)
- 左右(さゆう：좌우)

例文 ① 日本は右側通行だ。

일본은 우측통행이다.

②「そこを右折してください。」

거기에서 우회전 해 주십시오.

左【名】ひだり・サ

- 左側(ひだりがわ：왼쪽 편)
- 左派(さは：좌파)

例文 ① 左利きの選手をサウスポーという。

왼손잡이 선수를 사우스포라고 한다.

② 左右対称の美しい形だ。

좌우 대칭이 맞는 아름다운 형태(모습)다.

縦【名】たて・ジュウ

- 縦糸(たていと：종사, 날실)
- 縦横(じゅうおう：종횡)

例文 ① 日本語の新聞は縦書きだ。

일본어 신문은 세로쓰기이다.

② 首を縦に振る。※

고개를 아래위로 흔들다.

※ 承知した、よいという意志を示す。
납득(승낙)했다. 좋다(알았다)는 의사를 나타낸다.

가로 횡

横【名】よこ・オウ

● 横顔(よこがお：옆얼굴)
● 横転(おうてん：옆으로 넘어짐)

例文 ① 横揺れの地震は、さほど怖くない。

옆으로 흔들리는 지진은 그다지 무섭지 않다.

②「疲れたので、横になります。※」

피곤해서 잤습니다(누웠습니다).

※ 寝ること。
자거나, 눕는 것.

東 西 南 北

동녘 동　서녘 서　남녘 남　북녘 북

東西南北【名】とうざいなんぼく

東【名】ひがし・トウ

- 東日本(ひがしにほん：동일본)
- 東洋(とうよう：동양)

西【名】にし・サイ

- 西風(にしかぜ：서풍)
- 関西(かんさい：관서)

南【名】みなみ・ナン・ナ

- 南半球(みなみはんきゅう：남반구)
- 南国(なんごく：남국)

北【名】きた・ホク

- 北山(きたやま：북쪽산)
- 北極(ほっきょく：북극)

例文

① シルクロードは東洋(とうよう)と西洋(せいよう)の文化(ぶんか)が交流(こうりゅう)したところだ。

실크로드는 동양과 서양의 문화가 교류한 곳이다.

② アメリカの南北戦争(なんぼくせんそう)は4年間(ねんかん)続(つづ)いた。

미국의 남북전쟁은 4년 동안 계속되었다.

問題1　正しい方に〇をつけなさい。

(1) 韓国では車は道路の(①右側　②中央　③左側)を通行することに
なっている。

(2) 右に曲がることを(①左右　②右折　③右手)といいます。

問題2　同じ読み方をしている言葉を選びなさい。

(1) 下記
　　①下手　　②年下　　③部下　　④下着

(2) 上級生
　　①上手　　②上着　　③年上　　④上司

(3) 横転
　　①横顔　　②横糸　　③横断　　④横揺れ

(4) 西日本
　　①西風　　②関西　　③東西　　④西洋

(5) 後日
　　①後味　　②後ろ姿　③午後　　④後方

問題3　正しい読み方を選びなさい。

(1) 南国(①なんきょく　②なんこく　③なんごく)はあたたかい。

(2) 都心を縦横(①じゅうおう　②たてがき　③じゅうだん)に走る車。

4장

家

部屋・窓・畳・玄関・廊下・階段・台所・風呂・お手洗い
・庭

※家具－布団・枕・ベッド・たんす・本棚・応接セット・テーブル・いす・こたつ
※家電－テレビ・冷蔵庫・洗濯機・掃除機・電子レンジ・炊飯器・クーラー・扇風
機・ステレオ・ストーブ・パソコン(パーソナルコンピューター)・デジカメ(デジ
タルカメラ)

部屋【名】へや

- 部屋代(へやだい：방세)

例文 ① 二階に子供部屋がある。

이층에 아이 방이 있다.

②「合宿の部屋割りは以下の通りです。」

합숙 방 배정은 아래와 같습니다.

窓【名】まど・ソウ

- 窓口(まどぐち：창구)
- 同窓会(どうそうかい：동창회)

例文 ①「窓を開けてもいいですか。」

창문을 열어도 될까요.

② 窓から見える景色は最高だ。

창문으로 보이는 경치는 최고다.

畳【名】たたみ・ジョウ・畳(たた)む

- 四畳半(よじょうはん：네 평 반, 다다미 4.5조)

例文 ① 旅館は畳の部屋がほとんどだ。

여관은 다다미 방이 대부분이다.

② 「私の部屋は六畳一間です。」

제 방은 6조 방 하나입니다.

玄関【名】げんかん

- 正面玄関(しょうめんげんかん：정면 현관)

例文 ① 玄関でコートを脱ぐ。

현관에서 코트를 벗다.

② 「玄関先で失礼します。」

현관 앞에서 이만 실례하겠습니다.

廊下

복도 랑　아래 하

廊下【名】ろうか

● 渡り廊下（わたりろうか：두 건물을 잇는 복도）

例文　①「廊下を走ってはいけません。」

복도를 뛰어다니면 안 됩니다.

②長い廊下が続いている。

긴 복도가 이어져 있다.

階段

섬돌 계　구분 단

階段【名】かいだん

● 階段教室（かいだんきょうしつ：계단교실）

例文　①「階段を上がって、すぐ右にある部屋です。」

계단을 올라가서 바로 오른쪽에 있는 방입니다.

②高齢者の場合、階段を上るより下りるほうが危ない。

고령자의 경우, 계단을 올라가는 것보다 내려가는 편이 위험
하다.

台所【名】だいどころ

例文 ① 台所が狭いので、料理がたいへんだ。

부엌이 좁아서 요리하기가 힘들다.

② 母が一家の台所※を預かっている。

엄마가 한 집안의 살림을 떠맡고 있다.

※ 家計のこと。
가계, 살림

風呂【名】ふろ

- 風呂場(ふろば：욕실)
- 男/女風呂(おとこ/おんなぶろ：남탕, 여탕)

例文 ① 家に風呂があっても、銭湯に行く人もいる。

집에 욕실이 있어도 공중목욕탕에 가는 사람도 있다.

② 朝風呂は気持ちがいい。

아침 목욕은 기분이 좋다.

お手洗い

손 수　씻을 세

お手洗い【名】おてあらい＝トイレ

例文 ①「ちょっと、お手洗いに(行って来ます)。」

잠깐 화장실 좀 (다녀오겠습니다).

②「お手洗いにトイレットペーパーがないよ。」

화장실에 화장지가 없어.

庭

뜰 정

庭【名】にわ・テイ

● 裏庭(うらにわ：뒤뜰)
● 庭園(ていえん：정원)

例文 ① 祖母の楽しみは庭の手入れだ。

할머니의 낙은 정원 손질이다.

② このお寺は庭園で有名だ。

이 절은 정원으로 유명하다.

問題1 最も適当な言葉を選びなさい。

(1) アパートは部屋のほかに、(부엌과 목욕탕)も見たうえで借りたほ
うがいい。
　　① 台所とお風呂　　　　② 玄関と窓
　　③ 台所と廊下　　　　　④ 階段とお風呂

(2) 私の母は(정원)の手入れや(화장실)の掃除に一番時間がかかるほ
うです。
　　① 庭園－お風呂　　　　② お風呂－廊下
　　③ 庭園－お手洗い　　　④ 階段－お手洗い

問題2 下の方から最も適当な言葉を選びなさい。

(1) ＿＿＿＿＿＿を開けると涼しい風が入ってきた。

(2) 3階には四畳半の＿＿＿＿＿＿が三つ並んでいました。

(3) 温泉で男性は＿＿＿＿＿＿に入ることになっている。

(4) ＿＿＿＿＿＿を下りる時は足元に気をつけなければなりません。

(5) 学校で、休みの時間にはみんな＿＿＿＿＿＿を走り回って遊び
ます。

(6) 自分の部屋が古くなったので＿＿＿＿＿＿の取替えを頼みました。

① 部屋　　② 階段　　③ 畳　　④ 窓　　⑤ 男風呂　　⑥ 廊下

5장

学校

- 校舎・教室・図書館・体育館・運動場・実験室・机・椅子・黒板・給食
- 入学・卒業・授業・試験・出席・欠席・遅刻・教科書・宿題・部

※国語・数学・歴史・地理・生物・物理・化学・美術・音楽・保健体育・英語

校舎【名】こうしゃ

例文 ① 子供たちが校舎から出て来た。

어린아이들이 교사에서 나왔다.

② 東校舎と西校舎は渡り廊下でつながっている。

동쪽교사와 서쪽교사가 복도로 이어져 있다

教室【名】きょうしつ

● 音楽教室(おんがくきょうしつ：음악교실)

例文 ① 教室の中には30人ほどの学生がいる。

교실 안에는 30명가량의 학생이 있다

②「金曜日は生け花教室に通っています。」

금요일에는 꽃꽂이 교실에 다니고 있습니다.

図書館

그림 도　글 서　객사 관

図書館【名】としょかん

● 公共図書館(こうきょうとしょかん：공공도서관)

例文 ① この図書館では一度に3冊まで本を借りることができる。

이 도서관에서는 한 번에 세 권까지 책을 빌릴 수가 있다.

② 新しくオープンした区立図書館は夜10時まで開いている。

새로 개관한 구립도서관은 밤 10시까지 개방되고 있다.

体育館

몸 체　기를 육　객사 관

体育館【名】たいいくかん

例文 ①「体育館でバレーボールをします。」

체육관에서 배구를 합니다.

② 災害が起きた時の避難所はS中学校の体育館だ。

재해가 났을 때의 대피소는 S중학교 체육관이다.

運 動 場
돌 운　움직일 동　마당 장

運動場【名】うんどうじょう＝グラウンド

例文 ① 「朝礼は運動場で行います。」

조회는 운동장에서 합니다.

② 子供の頃、よく学校の運動場で遊んだものだ。

어렸을 적에 곧잘 학교 운동장에서 놀았었지.

実 験 室
열매 실　증험할 험　집 실

実験室【名】じっけんしつ

例文 ① 化学実験室は試験管やビーカーが置いてある。

화학실험실은 시험관이랑 비커가 놓여져 있다.

② 「4時間目は、203実験室だって。」

넷째 시간은 203실험실이래.

机
책상 궤

机【名】つくえ・キ

- 学習机(がくしゅうづくえ：학습 책상)
- 机上(きじょう：책상 위)

例文 ① 「机の上には、鉛筆と消しゴムだけ置くこと。」

책상 위에는 연필과 지우개만 놓을 것.

② それは机上の空論※に過ぎない。

그것은 탁상공론에 지나지 않는다.

※ 実際には役に立たない理論。
실제로는 도움이 안 되는 이론.

椅子
의나무 의 아들 자

椅子【名】いす

- 長椅子(ながいす：긴 의자)
- 椅子席(いすせき：의자로 된 자리)

例文 ① 「椅子にかけて待っていてください。」

의자에 앉아서 기다려 주십시오.

② 椅子を並べて講演会の準備をした。

의자를 늘어놓고 강연회 준비를 했다.

黒板
검을 흑　널빤지 판

黒板【名】こくばん

 ① 「山田、黒板の前に来い。」

야마다, 칠판 앞으로 나와.

② 黒板にいたずら書きをして、怒られた。

칠판에 낙서를 해서 야단맞았다.

給食
넉넉할 급　밥 식

給食【名】【自】きゅうしょく

- 学校給食(がっこうきゅうしょく：학교급식)
- 給食費(きゅうしょくひ：급식비)

 ① 給食のおかずはカレーや豚汁が多い。

급식의 반찬은 카레나 돼지고기국이 많다.

② 「給食は残さず食べましょう。」

급식은 남기지 말고 먹읍시다.

問題1 最も適当な言葉を選びなさい。

(1) 雨の日は＿＿＿＿＿＿でサッカーの練習をします。
　　① 実験室　② 運動場　③ 図書館　④ 体育館

(2) 理科の時間になってみんなはビーカーを使うために＿＿＿＿＿
　　に移動しました。
　　① 実験室　② 運動場　③ 図書館　④ 体育館

(3)　日曜日だったので＿＿＿＿＿＿が閉まり、本を返すことができ
　　ませんでした。
　　① 実験室　② 運動場　③ 図書館　④ 体育館

(4)　外は寒いのに子供たちはかまわないで＿＿＿＿＿＿を走り回っ
　　ていました。
　　① 実験室　② 運動場　③ 図書館　④ 体育館

問題2 下から最も適当な言葉を選びなさい。

(1)妹の学校はまだ＿＿＿＿＿＿がないので、昼食は教室に運んで
　　食べるそうです。

(2)新しい校舎だったので＿＿＿＿＿＿の中の＿＿＿＿＿＿や机も
　　新しいものばかりでした。

(3)目が悪くて＿＿＿＿＿＿の字がよく見えません。

　　① 給食室　② 黒板　　③ 教室　　④ 椅子

入学【名】【自】にゅうがく

- 入学式(にゅうがくしき：입학식)
- 推薦入学(すいせんにゅうがく：추천입학)

例文 ① 日本は四月が入学式だ。

일본은 사월이 입학식이다.

② 新入学のお祝いにランドセルをもらった。

입학 축하선물로 란도셀을 받았다.

卒業【名】【他】そつぎょう

- 卒業生(そつぎょうせい：졸업생)

例文 ① 卒業論文の締め切りは1月15日だ。

졸업논문의 마감은 1월 15일이다.

② 友だちと卒業旅行に行く。

친구들과 졸업여행을 간다.

授業
줄 수　업 업

授業【名】【自】じゅぎょう

- 授業中(じゅぎょうちゅう：수업 중)
- 授業料(じゅぎょうりょう：수업료)

例文 ①「来週の授業は、必ず出席するように。」

다음 주 수업에는 반드시 출석하도록.

② 授業料は期日までに納めなければならない。

수업료는 기일까지 납부해야 한다.

試験
시험할 시　증험할 험

試験【名】【他】しけん

- 資格試験(しかくしけん：자격시험)
- 試験官(しけんかん：시험관)

例文 ① 試験を受けて進級できた。

시험을 보고 진급하였다.

②「試験中はおしゃべりをしないでください。」

시험 중에는 잡담을 하지 마십시오.

出席【名】【自】しゅっせき

● 出席者(しゅっせきしゃ：출석자)

例文 ①「今から出席を取ります。」

지금부터 출석을 부르겠습니다.

② アカデミー賞授賞式に出席する。

아카데미상 수상식에 출석하다.

欠席【名】【自】けっせき

● 欠席者(けっせきしゃ：결석자)

例文 ①「きょう欠席はいませんね。」

오늘 결석자는 없군요.(없지요?)

② 思ったより欠席者が多かった。

생각보다 결석자가 많았다.

遅 刻
늦을 지　새길 각

遅刻【名】【自】ちこく

例文　① 授業の遅刻3回は欠席1回になる。

　　수업시간 지각 3회는 결석 1회가 된다.

② またデートに遅刻してしまった。

　　또 데이트에 지각해 버렸다.

教 科 書
가르칠 교 과정 과 글 서

教科書【名】きょうかしょ

● 検定教科書(けんていきょうかしょ：검정교과서)

例文　①「教科書の38ページを開いてください。」

　　교과서 38페이지를 펴 주십시오.

② 日韓の若者たちが教科書問題について討論する。

　　한일 젊은이들이 교과서 문제에 대하여 토론하다.

宿 題
묵을 숙　표제 제

宿題【名】しゅくだい

例文　①「この漢字のプリントは、あしたまでの宿題です。」

이 한자 프린트는 내일까지 숙제입니다.

② まだ宿題が残っている。

아직 숙제가 남아 있다.

部
거느릴 부

部【名】ぶ

● 部活動(ぶかつどう：동아리 활동)
● サッカー部(さっかーぶ：축구부)

例文　① 高校の時は演劇部で活躍をした。

고교시절에는 연극부에서 활약했다.

② 部活動ばかり熱心にして、全然勉強をしなかった。

동아리 활동만 열심히 하고 전혀 공부를 하지 않았다.

問題1　最も適当な言葉を選びなさい。

(1) 大学＿＿＿＿＿＿を決めたうえは、苦しくてもがんばらなければならない。
　　① 就職　　② 進学　　③ 途中　　④ 宿題

(2) 山田先生の授業は、試験を受ける代わりにレポートを出すことになった。
　　① じゅぎょー－しけん　　　　② じぎょう－じゅけん
　　③ じゅぎょう－しけん　　　　④ じゅぎょう－じゅけん

(3) 先週は＿＿＿＿＿＿勉強で、今週は＿＿＿＿＿＿で夜遅くまで寝ることができません。
　　① 部活－宿題　　② 会議－準備　　③ 試験－活動　　④ 試験－宿題

問題2　下から最も適当な言葉を選びなさい。

(1) 兄は大学を＿＿＿＿＿＿して大手会社に就職しました。

(2) 国語の＿＿＿＿＿＿を持ってくるのを忘れて先生に叱られました。

(3) 3回＿＿＿＿＿＿したら、1回の＿＿＿＿＿＿にされるそうで、朝遅れないように気をつけます。

(4) 毎日、＿＿＿＿＿＿が終わるとすぐテレビを見るので成績があがらない。

(5) バレー部に入ってから私は＿＿＿＿＿＿の時間が一番楽しくな
りました。

①宿題　②遅刻　③卒業　④部活動　⑤欠席　⑥教科書

6장

会社

受付・電話・出張・名刺・会議・書類・社長/部長/課長/係長・上司/部下・給料・制服

受付【名】うけつけ・
受(う)け付(つ)ける

● 受付開始(うけつけかいし：접수 개시)

例文 ①「受付で聞いてください。」

접수처에서 물어보십시오.

② 質問について、いつでも受け付ける準備がある。

질문에 대하여 언제라도 들을 준비가 되어 있다.

電話
전기 전 말할 화

電話【名】でんわ

● 電話機(でんわき：전화기)
● 携帯電話(けいたいでんわ：휴대전화)

例文 ①「電話をかけて、アポ※を取りますね。」

전화를 걸어서 약속을 정하겠습니다.

※ アポイントメントの略。
appointment의 약어

② 電車やバスの中で携帯電話を使用してはいけない。

전철이나 버스 안에서 휴대전화를 사용하면 안 된다.

出張【名】【自】しゅっちょう

● 海外出張(かいがいしゅっちょう：해외출장)

例文

① 「村山は、ただ今、出張中です。」

무라야마는 지금 출장중입니다.

② 出張で月に3回は日本に行かなければならない。

출장으로 월 3회는 일본에 가야 한다.

会議【名】【自】かいぎ

● 国際会議(こくさいかいぎ：국제회의)

例文

① 1時から会議が始まる。

1시에 회의가 시작된다.

② 「特集号の企画は編集会議で打ち合わせよう。」

특집호의 기획은 편집회의에서 의논하자.

書 類
글 서　무리 류

書類【名】しょるい

 ① 書類のミスをチェックする。

서류상의 실수를 체크하다.

②「この書類をA社まで届けてくれ。」

이 서류를 A사까지 갖다 주게.

名 刺
이름 명　찌를 자

名刺【名】めいし

● 名刺交換(めいしこうかん：명함 교환)

 ① 名刺の渡し方にもマナーがある。

명함을 서로 건네는 데에도 예절이 있다.

②「名刺にある電話番号まで、ご連絡ください。」

명함에 있는 전화번호로 연락 주십시오.

社長/部長/課長/係長【名】しゃちょう/ぶちょう/
　　　　　　　　　　　　かちょう/かかりちょう

- 代表取締役社長(だいひょうとりしまりやくしゃちょう：대표이사)
- 課長代理(かちょうだいり：과장 대리)

例文　① 社長自ら営業を行う。

사장님이 직접 영업을 한다.

② 同期の中で一番早く部長に出世した。

동기 중에서 제일 먼저 부장으로 출세했다.

<table>
<tr><td>

上 司
위 상　맡을 사

</td><td>

部 下
거느릴 부 아래 하

</td></tr>
</table>

上司/部下【名】じょうし/ぶか

例文 ① 部下に好かれる上司の条件は、部下の話をよく聞く人

だそうだ。

부하직원이 좋아하는 상사의 조건은, 부하직원의 얘기를 잘
들어주는 사람이라고 한다.

② 「私も50人の部下を持つ管理職になった。」

나도 50명의 부하직원을 둔 관리직이 되었다.

給 料
넉넉할 급 헤아릴 요

給料【名】きゅうりょう

● 給料日(きゅうりょうび : 월급날)

例文 ① 毎月25日が給料日だ。

매월 25일이 월급날이다.

② 「もっと給料を上げてほしい。」

좀 더 급료를 올려주면 좋겠다.

制服【名】せいふく

例文 ① 最近の女子高生たちはおしゃれな制服を着ている。

요즘의 여고생들은 멋쟁이 제복을 입는다.

② 女子社員だけが制服を着るのはおかしい。

여자 사원만 제복을 입는 것은 이상하다

問題1　最も適当な言葉を選びなさい。

(1)会議中には＿＿＿＿＿＿を使わないようにお願いします。
　　① 名刺　　② 携帯電話　　③ 受付　　④ 書類

(2)私の会社は忙しくて大変な＿＿＿＿＿＿なので＿＿＿＿＿＿も
　いい方である。
　　① 報告－給料　　② 仕事－給料　　③ 仕事－営業　　④ 実績－出張

問題2　正しい読み方を選びなさい。

(1) 日曜日、会社の<u>出張</u>だったので、今日は休んでいます。
　　① しゅちょう　　② しちょう　　③ しゅっちょう　　④ しっちょう

(2) 私の会社は、15日が<u>給料</u>日です。
　　① きゅうようひ　　　　② きゅうりょび
　　③ きゅりょうひ　　　　④ きゅうりょうび

問題3　左右を線で結びなさい。

(1) ネームカードのこと　　　　　　　　　　　制服
(2) 会社の最高経営者　　　　　　　　　　　代表取締役
(3) 仕事のために着るユニホーム　　　　　　名刺
(4) ある人の下に属する人　　　　　　　　　部下

7장

銀行&郵便局

金・通帳・口座・両替・送金・窓口・切手・手紙・小包・郵便番号

金【名】かね・かな・キン・コン

※ 貨幣を意味する場合、話し言葉では、普通「お金」という。

- 金物(かなもの：철물)
- 金庫(きんこ：금고)
- 黄金(おうごん：황금)

例文 ① お金がないので、買えない。

돈이 없어서 살 수 없다.

② 「少しお金、貸してくれない?」

돈 좀 빌려주지 않을래?

通帳【名】つうちょう

- 預金通帳(よきんつうちょう：예금통장)

例文 ① 通帳を作るためには身分証明書と印鑑が必要だ。

통장을 만들려면 신분증명서와 도장이 필요하다.

② 電気代や水道料は、通帳から自動的に引き落とされる。

전기요금이랑 수도요금은 통장에서 자동적으로 이체됩니다.

口座【名】こうざ

● 預金口座(よきんこうざ：예금계좌)

例文 ① M銀行に新しい口座を開く。

M은행에 새 계좌를 개설하다.

②「口座番号をお教えします。」

계좌번호를 알려드리겠습니다.

両替

両替【名】りょうがえ

例文 ① ウォンを円に両替する。

원을 엔으로 바꾸다.

②「一万円札を、千円札に両替してください。」

만 원권을 천 엔짜리로 바꿔주십시오.

送金【名】【自】そうきん

例文 ① 遠く離れた両親のもとに毎月送金している。

멀리 떨어진 부모님께 매월 송금하고 있다.

②「送金の確認をお願いします。」

송금 확인을 부탁드립니다.

窓口【名】まどぐち

例文 ① 3番窓口に人が並んでいる。

3번 창구에 사람이 줄서 있다.

② 住民相談の窓口をもっと増やすべきである。

주민 상담 창구를 좀 더 늘려야 한다.

切手【名】きって

● 記念切手(きねんきって：기념우표)

例文 ① 「80円切手を5枚ください。」

80엔짜리 우표 다섯 장 주세요.

② 趣味は世界各国の切手の収集だ。

취미는 세계 각국의 우표 수집이다.

手紙【名】てがみ

● 手紙文(てがみぶん：편지문)

例文 ① 手紙を一通出した。

편지를 한 통 보냈다.

② 彼からの手紙が宝物だ

그이에게서 오는 편지가 보물이다.

小包

작을 소　쌀 포

小包【名】こづつみ

例文　① 海外へ小包を送る場合、航空便より船便が安い。

해외로 소포를 보낼 경우, 항공편보다 배편이 싸다.

② 母の日に息子から小包が届いた。

어머니날 아들한테서 소포가 도착했다.

郵便番号

역참 우　편할 편　차례 번　부르짖을 호

郵便番号【名】ゆうびんばんごう

例文　① 日本の郵便番号のマークは「〒」だ。

일본의 우편번호 표시는「〒」다.

②「私の家の郵便番号は、981-1224です。」

저희 집 우편번호는 981-1224입니다.

問題1　正しい読み方を選びなさい。

(1) 母にもらったお金を通帳(①つうちょう　②つうちょ　③とうちょう)に入れました。

(2) 預金(①ようきん　②よきん　③ちょきん)したお金もあまり残ってないし、そろそろ仕事を見つけなければなりません。

(3) 送金のため、口座(①くざ　②こざ　③こうざ)番号をお願いします。

(4) 海外旅行のために、今日はドルの両替(①りょうがい　②りょうかい　③りょうがえ)をして来ました。

(5) 荷物を小包(①こづつみ　②ごつづみ　③ごづつみ)で実家へ送りました。

問題2　下から最も適当な言葉を選びなさい。

(1) 手紙を出す前に＿＿＿＿＿＿をちゃんときいて、正しく書いた方がいい。

(2) 住所が正しくても＿＿＿＿＿＿の金額が足りないと着かないおそれがあります。

(3) ＿＿＿＿＿＿の人に聞いたら銀行より郵便局のほうが送金しやすいそうです。

(4) 今はインターネットを使うので、送金のため＿＿＿＿＿＿へい
かなくてもいい。

① 窓口　　② 切手　　③ 郵便番号　　④ 銀行

8장

病院

● 病気・診察・患者・救急・手術・検査・入院/退院・注射・薬・体温計

※内科・外科・小児科・産婦人科・整形外科・眼科・耳鼻科・心療内科・歯科

病 気
병병　기운 기

病気【名】【自】びょうき

例文 ① 病気にならないように、健康に気をつけている。

병에 걸리지 않도록 건강에 조심하고 있다.

② 最近、心の病気が増えている。

최근 마음의 병이 증가하고 있다.

診 察
볼진　살필 찰

診察【名】【他】しんさつ
- 診察室(しんさつしつ：진찰실)
- 診察券(しんさつけん：진찰권)

例文 ① 医者は病人を診察する。

의사는 병자를 진찰한다.

② 病院で診察を受ける。

병원에서 진찰을 받다.

患者

근심 환 / 놈 자

患者【名】かんじゃ

- 入院患者(にゅういんかんじゃ：입원환자)

例文 ①「あの先生は、ていねいに患者を診てくれますよ。」

저 선생님은 정중하게 환자를 진찰해 줍니다.

② 高齢者の長期入院患者が増えている。

고령자의 장기입원환자가 증가하고 있다.

救急

구원할 구 / 급할 급

救急【名】きゅうきゅう

- 救急車(きゅうきゅうしゃ：구급차)
- 救急箱(きゅうきゅうばこ：구급함)

例文 ① 救急医療が今後の課題である。

구급의료가 향후 과제이다.

② サイレンを鳴らしながら、救急車が走って行った。

사이렌을 울리면서 구급차가 달려갔다.

手術【名】【他】しゅじゅつ
● 整形手術(せいけいしゅじゅつ：정형수술)

例文 ① 手術は成功した。

수술은 성공했다.

② 手術後は合併症に気をつけなければならない。

수술 후에는 합병증을 조심해야 한다.

検査【名】【他】けんさ
● 身体検査(しんたいけんさ：신체검사)

例文 ①「身体検査では、まず身長と体重を計ってください。」

신체검사에서는 먼저 신장과 체중을 재어 주세요.

② 人間ドック[※]で検査する。

인간도크(dock)에서 검사한다.

※ 短期間の入院で全身の精密検査を行い、病気の早期診断を行うこと。
단기간 입원해서 정밀검사를 하여 병의 조기진단을 하는 것.

入院　退院

入 들어갈 입　집 원　　退 물러날 퇴　집 원

入院/退院【名】【自】にゅういん/たいいん

● 入院費(にゅういんひ：입원비)

例文

① 先週入院して、今週退院することができた。

지난주 입원해서 이번 주에 퇴원할 수 있었다.

② 入院した友だちのお見舞いに行った。

입원한 친구의 병문안을 갔다.

注射

부를 주　쏠 사

注射【名】【他】ちゅうしゃ

● 予防注射(よぼうちゅうしゃ：예방주사)
● 注射針(ちゅうしゃばり：주사바늘)

例文

①「注射を一本打ちましょう。」

주사를 한 대 맞읍시다.

② インフルエンザの予防注射をする。

독감 예방주사를 접종하다.

薬
약 약

薬【名】くすり・ヤク

- 薬代(くすりだい：약 값)
- 薬品(やくひん：약품)

例文 ① 「薬を3日分出します。」

약을 3일분 처방해 주겠습니다.

② 「毒にも薬にもならない※男だ。」

독도 약도 안 되는 남자다.

※ 害にもならないが、役にも立たない。
해도 안 되지만 도움도 안 된다.

体温
몸 체　따뜻할 온

体温【名】たいおん

- 体温計(たいおんけい：체온계)

例文 ① 体温計で測ったら、37度9分もあった。

체온계로 재었더니 37.9도나 됐다.

② 赤ちゃんは大人よりも体温が高い。

아기는 성인보다 체온이 높다.

問題1 最も適当な言葉を選びなさい。

(1) 健康な人でも＿＿＿＿＿になる前に定期的にお医者さんの
＿＿＿＿＿を受けるのがよい。

(2) 救急車で病院へ行った＿＿＿＿＿はまもなく死んだ。

(3) 学生たちは毎年身長や体重などを計る＿＿＿＿＿をする。

(4) 父は心臓が悪くて2週間前に＿＿＿＿＿して今日退院しまし
た。

(5) 昨日お腹が痛くて＿＿＿＿＿を飲んだらなおりました。

(6) 子供に熱がありそうなので、＿＿＿＿＿で計ったら、38度も
あった。

(7) 予防＿＿＿＿＿を打たれた子供が痛くて泣きました。

　①薬　　　　②病気　　③患者　　　④診察
　⑤体温計　　⑥注射　　⑦身体検査　⑧手術

問題2 最も適当な言葉を選びなさい。

(1) 家族が突然入院をしても、焦らず慌てずしっかりとする事が重
要です。
　①いんゆう　　　　②いんよう
　③にゅうゆ　　　　④にゅういん

83

(2) ある病院では、<u>患者</u>さんへ「お見舞いのメッセージ」を送ること
　　ができるシステムを持っている。
　　① がんじゃ　　　　　② ほんじゃ
　　③ かんじゃ　　　　　④ かんしゃ

(3) <u>薬</u>を服用するときは、<u>薬</u>の作用が強く出るときがあるので、ア
　　ルコールと一緒に飲まないでください。
　　① やく　　② あく　　③ くす　　④ くすり

9장

服&雑貨&文房具

- 洋服・着物・帽子・靴・靴下・手袋・傘・時計・財布・化粧
- 鉛筆・消しゴム・定規・筆入れ・本・雑誌・新聞・紙・手帳・電卓

※シャツ(ワイシャツ・Tシャツ)・ブラウス・セーター・トレーナー・スカート・パンツ(ズボン)・ジーンズ(ジーパン)・ジャケット・水着・ネクタイ・スカーフ・ネックレス・イヤリング(ピアス)・指輪

※化粧水・乳液・クリーム・ファンデーション・頬紅・口紅(グロス)・マスカラ・マニキュア・香水

洋服
큰 바다 양　옷 복

洋服【名】ようふく

● 洋服だんす(ようふくだんす：양복 장)

例文 ①「おしゃれな洋服ね。」

멋진 양복이네요.

② 洋服のコーディネーションがファッションの基本だ。

양복의 코디가 패션의 기본이다.

着物
붙을 착　물건 물

着物【名】きもの

※ 狭義では、「和服」を指す。

例文 ① 友人の結婚式に着物を着て行った。

친구 결혼식에 기모노를 입고 갔다.

② 貧乏で着物一枚買うことができない。

가난해서 기모노 한 벌 살 수 없다.

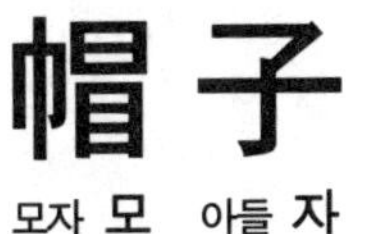

帽子【名】ぼうし

● 野球帽(やきゅうぼう：야구모자)

例文 ① 「暑いから、帽子をかぶって遊ぶのよ。」

더우니까 모자를 쓰고 놀아라.

② 部屋の中では帽子を脱ぐ。

방 안에서는 모자를 벗는다.

靴【名】くつ・カ

● 長靴(ながぐつ：장화)
● 靴磨き(くつみがき：구두닦이)

例文 ① 黒い靴は一足しか持っていない。

검은 구두는 한 켤레 밖에 가지고 있지 않다.

② 新しい靴をはいて、靴擦れをした。

새 구두를 신어 구두에 쓸려 까졌다.

靴 下

신 화　아래 하

靴下【名】くつした

例文　①「この靴下の片方知らない?」

이 양말 한 짝 몰라요?

② クリスマスツリーに靴下を下げて置く。

크리스마스트리에 양말을 걸어둔다.

手 袋

손 수　자루 대

手袋【名】てぶくろ

例文　① 革の手袋は大人のイメージだ。

가죽 장갑은 어른의 이미지이다.

② 衛生上、工場ではビニールの手袋をする。

위생상 공장에서는 비닐장갑을 낀다.

우산 산

傘【名】かさ・サン

● 日傘(ひがさ：양산)

例文 ① また傘を一本なくしてしまった。

또 우산(양산)을 하나 잃어버렸다.

② 日焼けしないために、日傘をさす。

햇빛에 타지 않도록 양산을 쓴다.

時計
때 시　셀 계

時計【名】とけい

● 目覚まし時計(めざましどけい：자명종)
● 時計台(とけいだい：시계받침)

例文 ① この時計は祖父の形見だ。

이 시계는 할아버지 유품이다.

② 「時計回りに動いてください。」

시계방향으로 움직여 주세요.

財 布
재물 재　베 포

財布【名】さいふ

例文

① 財布の中身は小銭だけだ。

지갑 속은 잔돈뿐이다.

② 彼は<u>財布のひもが堅い。</u>※

그는 알뜰하다.

※ むだな金を使わない。

　헛된 돈을 쓰지 않는다.

化 粧
될 화　단장할 장

化粧【名】【自】【他】けしょう

- 化粧品(けしょうひん：화장품)
- 化粧室(けしょうしつ：분장실)

例文

①「私の化粧はファンデーションと口紅だけよ。」

나의 화장은 파운데이션과 립스틱뿐이야.

② デパートの化粧品売り場は、女性客でいつもにぎやかだ。

백화점의 화장품 판매장은 여성 고객으로 항상 붐빈다.

鉛筆
납 연　붓 필

鉛筆【名】えんぴつ

- 色鉛筆(いろえんぴつ：색연필)
- 鉛筆削り(えんぴつけずり：연필깎이)

例文 ①「ちょっと鉛筆一本貸して。」

잠깐 연필 한 자루 빌려줘.

② 最近はナイフで鉛筆を削れない人も多い。

최근은 칼로 연필을 깎을 줄 모르는 사람이 많다.

消しゴム
사라질 소

消しゴム【名】けしごむ (지우개)

例文 ① 間違ったところはちゃんと消しゴムで消すこと。

틀린 곳은 확실히 지우개로 지울 것.

② 匂いのある消しゴムが子供たちに人気だ。

냄새가 있는 지우개가 어린이들에게 인기다.

定 規
정할 정　법 규

定規【名】じょうぎ (자)

● 三角定規(さんかくじょうぎ：삼각자)

 ① 定規を使って、まっすぐな線を引く。

자를 이용해서 똑바른 선을 긋다.

② 物事を杓子定規※に判断しないほうがいい。

사물을 획일적으로 판단하지 않는 것이 좋다.

※ ただ一つの標準ですべてを決めようとするやり方。
단 하나의 표준으로 모든 것을 결정하려고 하는 방식.

筆 入 れ
붓필　들입

筆入れ【名】ふでいれ (필통)

 ①「あ、筆入れを忘れてきた。」

아, 필통을 잊고 왔다.

②「キティちゃんの(イラストが描いてある)筆入れがほしい。」

키티(일러스트가 그려져 있는) 필통이 있으면 좋겠다.

本【名】ホン・もと

- 絵本(えほん：그림책)
- 本屋(ほんや：서점)

例文 ① 一ヶ月に本を5冊読むのが目標だ。

한 달에 책을 다섯 권 읽는 것이 목표이다.

② 「高校生にすすめたい本はありますか。」

고등학생에게 권하고 싶은 책은 있습니까?

雑誌【名】ざっし

- 雑誌記者(ざっしきしゃ：잡지기자)
- 学術雑誌(がくじゅつざっし：학술잡지)

例文 ① ゲームやアニメーションの雑誌が売れている。

게임이나 애니메이션 잡지가 팔리고 있다.

② 将来は雑誌編集の仕事につきたい。

장래는 잡지를 편집하는 일에 종사하고 싶다.

<table><tr><td>

新 聞
새 신　들을 문

</td><td>

新聞【名】しんぶん
- 新聞記事(しんぶんきじ：신문기사)
- 新聞紙(しんぶんし：신문지)

</td></tr></table>

例文 ① きょうのスポーツ新聞の一面は、イ・スンヨブ選手の
ホームランだ。

오늘 스포츠신문의 1면은 이승엽 선수의 홈런이다.

② 廃品回収に新聞紙を出した。

폐품회수에 신문지를 냈다.

<table><tr><td>

紙
종이 지

</td><td>

紙【名】かみ・シ
- 折り紙(おりがみ：둘로 접은 종이)
- コピー用紙(こぴーようし：카피용지)

</td></tr></table>

例文 ①「その紙に書いてあるよ。」

그 종이에 쓰여 있어요.

② カルチャーセンターに和紙人形の講座がある。

문화센터에 일본 종이인형 강좌가 있다.

手帳【名】てちょう

● 警察手帳(けいさつてちょう：경찰수첩)

例文 ①「手帳にメモしておけば、忘れないよ。」

수첩에 메모해 두면 잊을 염려 없어.

② 仕事のスケジュールや約束は手帳に書いてある。

일에 관한 스케줄이나 약속은 수첩에 쓰여 있다.

電卓【名】でんたく

※「電子式卓上計算機」の略。

例文 ①「電卓で計算したから間違っていない。」

전자계산기로 계산했기 때문에 틀림없다.

② 携帯電話に電卓機能がついている。

핸드폰에 전자계산기 기능이 붙어 있다.

問題1 下から正しい単語を選びなさい。

(1) あの女の人は<u>ようふく</u>より着物が似合う。

(2) 彼女はおしゃれな<u>ぼうし</u>をもっています。

(3) 雨の時は<u>ながぐつ</u>が便利です。

(4) 日差しが強いので、<u>ひがさ</u>をさしましょう。

(5) あの<u>とけい</u>は5分遅いです。

(6) <u>さいふ</u>の中にお金があります。

　　① 帽子　② 日傘　③ 財布　④ 洋服　⑤ 長靴　⑥ 時計

問題2 最も適当な言葉を選びなさい。

(1) 昨日私は図書館で＿＿＿＿＿＿を読んでいました。
　　① 本　　　② 学生　　③ 勉強　　④ 書道

(2) ＿＿＿＿＿＿で書くと消しゴムを使えますので便利です。
　　① 新聞　　② 冊子　　③ 鉛筆　　④ 本棚

(3) 彼は大きな出版社の有名な＿＿＿＿＿＿記者です。
　　① 先生　　② 社長　　③ 社員　　④ 雑誌

(4) ＿＿＿＿＿＿の配達は朝早いです。
　　① 紙　　　② お酒　　③ 定規　　④ 新聞

(5) 記憶には限界があるので＿＿＿＿＿＿に書いて置くと便利です。

　　① 警察　　② 本　　　③ 仕事　　④ 手帳

(6) ＿＿＿＿＿＿で新聞と本を作る。

　　① 石　　　② 鉄　　　③ 紙　　　④ 水

問題3 下から正しい単語を選びなさい。

(1) 作業をする時は、手を汚さないために＿＿＿＿＿＿をする事を
　　忘れてはいけない。

(2) せっかくのお正月だし、＿＿＿＿＿＿を着てお参りに行きたい
　　です。

(3) 小さい頃は、お父さんの＿＿＿＿＿＿を磨いてお小遣いを貰っ
　　たりしました。

(4) ＿＿＿＿＿＿の小銭入れの中に、赤い糸を通した五円玉を入れ
　　て歩くとお金持ちになると言うジンクスがあります。

(5) 目覚まし＿＿＿＿＿＿が壊れたせいで朝の授業に遅刻をした。

(6)子供達はプレゼントを期待しながらイブの夜に＿＿＿＿＿＿を
　　枕元に出して寝る。

　　① 靴下　② 靴　③ 手袋　④ 着物　⑤ 財布　⑥ 傘　⑦ 時計

10장

顔&体

- 顔・目・耳・鼻・口・舌・声・髪・肌・血
- 頭・首・手・足・腕・肩・胸・腹・腰・背中

顔【名】かお・ガン

- 顔色(かおいろ：안색)
- 顔面(がんめん：안면)

例文 ① 素顔が美しい。

화장하지 않는 얼굴이 아름답다.

② 彼は<u>顔が広い</u>。※

그는 발이 넓다.

※ 人によく知られている。
사람에게 잘 알려져 있다.

目【名】め・ま・モク・ボク

- 目薬(めぐすり：안약)
- 目前(もくぜん：눈 앞)

例文 ① 青い目のボーイフレンドを連れて来た。

눈이 파란 남자친구를 데리고 왔다.

② 毎日、<u>目が回る</u>※ような生活だ。

매일 눈이 돌 것 같은 생활이다.

※ 非常に忙しい。
매우 바쁘다.

耳
귀 이

耳【名】みみ・ジ

● 耳掻き(みみかき：귀이개)
● 耳鼻科(じびか：이비과)

① 年をとって耳が遠くなった。

나이가 들어 귀가 멀어졌다.

②「もう知っているの?耳が早い※わね。」

이미 알고 있었어? 귀가 밝네요

※ うわさやニュースを聞き知ることが早い。
소문이나 뉴스를 듣고 아는 것이 빠르다.

鼻
코 비

鼻【名】はな・ビ

● 鼻声(はなごえ ：콧소리)
● 鼻濁音(びだくおん ：비탁음)

① アレルギーで鼻ばかりかんでいる。

알레르기로 코만 풀고 있다.

② 子供が東大に合格して鼻が高い。※

자식이 도쿄대학에 합격해서 콧대가 높다.

※ 得意げだ、高慢だ。
득의양양하다. 거만하다.

口【名】くち・コウ・ク

● 無口(むくち　：과묵)
● 利口(りこう　：영리함)

例文 ①「口を大きく開けて、喉を見せてください。」

入을 크게 벌려 목구멍을 보여 주세요.

② 彼女は口が堅い※ので信用できる。

그녀는 입이 무겁기 때문에 신용할 수 있다.

※ 秘密などをしゃべらない。
비밀 등을 말하지 않는다.

舌【名】した・ゼツ

● 巻き舌(まきじた：격식 차린 어투)
● 毒舌(どくぜつ：독화)

例文 ① 熱があって、舌が荒れている。

열이 있어 혀가 헐어 있다.

② 彼女は自分の話になると舌が回る。※

그녀는 자신에 관한 이야기가 나오면 아주 말을 잘 한다.

※ うまくしゃべる。
잘 말한다.

声【名】こえ・こわ・セイ・ショウ
소리 성

- 人声(ひとごえ：사람 목소리)
- 声色(こわいろ：목청, 성대모사)
- 声優(せいゆう：성우)

例文 ①「何かあったらすぐに声を掛けてね。」

무슨 일 있으면 바로 이야기해요.

② 国民に不満の声が上がる。

국민에게 불만의 목소리가 높아지다.

髪【名】かみ・ハツ
터럭 발

- 前髪(まえがみ：앞머리)
- 毛髪(もうはつ：모발)
- 白髪(しらが：백발)＊特殊読み

例文 ①「髪を1センチくらいカットしてください。」

머리를 1센티 정도 커트해 주세요.

② お母さんが髪をとかしてくれた。

어머니께서 머리를 빗어 주셨다.

肌【名】は

- 美肌(びはだ：아름다운 피부)

例文 ① 肌がきれいでうらやましい。

피부가 예뻐서 부럽다.

② 「後輩のために一肌脱ごう。」

후배를 위해 한 팔 걷어 붙여야지.

※ その人に同情して力添えをする。
그 사람에게 동정해서 도움을 준다.

血【名】ち・ケツ

- 鼻血(はなぢ：코피)
- 貧血(ひんけつ：빈혈)

例文 ① 蚊に刺されて血が出た。

모기에 물려 피가 났다.

② あの男は血も涙もない。※

저 사람은 피도 눈물도 없다.

※ 人間味を欠き冷酷だ。
인간미가 결여되어 냉정하다.

頭
머리 두

頭【名】あたま・かしら・トウ・ズ

- 石頭(いしあたま：석두)
- 先頭(せんとう：선두)
- 頭痛(ずつう：두통)

例文 ① 彼女は頭もいいし、顔もかわいい。

그녀는 머리도 좋고 얼굴도 예쁘다.

② 頭を下げて謝った。

머리를 숙여 사과했다.

首
목 두

首【名】くび・シュ

- 足首(あしくび：발목)
- 首相(しゅしょう：수상)

例文 ① 首を長くして恋人の帰りを待つ。

애타게 애인이 돌아오기를 기다린다.

② 三ヶ月で首になった。※

3개월 만에 해고되었다.

※ 解雇される。
해고당하다.

手【名】て・た・シュ

- 手作り(てづくり：수작업)
- 手芸(しゅげい：수예)

例文 ①「賛成の人は手を上げてください。」

찬성하는 사람은 손을 들어 주세요.

②猫の手も借りたい[※]くらい人が足りない。

고양이 손이라도 빌리고 싶을 정도로 사람이 부족하다.

※ 非常に忙しくて、どんな人にでも応援してもらいたい状態。
　매우 바빠서 어떤 사람한테라도 도움받고 싶은 상태.

足【名】あし・ソク・足(た)りる

- 足元(あしもと：발밑)
- 遠足(えんそく：소풍)

例文 ①転んで足の骨を折った。

넘어져 다리뼈가 부러졌다.

②一日中歩いて、足が棒になった。[※]

하루 종일 걸어서 다리에 감각이 없다.

※ すっかり歩き疲れることのたとえ。
　많이 걸어 매우 피곤한 상태의 비유.

腕【名】うで・ワン

- 腕前(うでまえ：기량)
- 腕力(わんりょく：완력)

例文

① 弟と腕相撲をして、勝った。

동생과 팔씨름해서 이겼다.

② 「きょうの夕食は、僕が腕を振るう※から。」

오늘의 저녁식사는 내가 솜씨를 보여줄 테니까.

※ 自分の技量を十分に発揮する。
자신의 기량을 충분히 발휘한다.

肩【名】かた・ケン

- 肩車(かたぐるま：목말, 어깨로 메어치기)
- 強肩(きょうけん：강견)

例文

① 目が悪いせいか、すぐ肩が凝る。

눈이 나쁜 탓인지 금방 어깨가 결린다.

② 生徒会長の任期が終わって、肩の荷が下りた。※

학생회장의 임기가 끝나서 어깨 짐이 덜어졌다.

※ 責任や負担から解放されて楽になる。
책임이나 부담으로부터 해방되어 편하게 되다.

胸
가슴 흉

胸【名】むね・むな・キョウ

- 胸焼け(むねやけ : 명치가 아픈 증상)
- 胸中(きょうちゅう : 흉중)

例文

① おいしい空気を胸一杯に吸う。

좋은 공기를 가슴 가득 마신다.

②「胸を焦がす※ような恋をしたい。」

가슴을 태우는 듯한 사랑을 하고 싶다.

※ 恋に思い悩む状態。

사랑에 고민하는 상태.

腹
배 복

腹【名】はら・フク

- 横っ腹(よこっぱら : 옆구리)
- 腹筋(ふっきん : 복근)

例文

① 腹が空いた。

배가 고프다.

② 彼の態度には腹が立つ。※

그의 태도에는 화가 난다.

※ 怒る。

화내다.

허리 요

腰【名】こし・ヨウ

● 腰つき(こしつき：허리 모양)
● 腰痛(ようつう：요통)

例文 ① 侍は刀を腰に差す。

사무라이는 칼을 허리에 찬다.

② あの社長は腰が低い。※

저 사장은 겸손하다.

※ 他人に対して謙虚な態度を示す状態。
타인에 대하여 겸손한 태도를 나타내는 상태.

背中

등 배　가운데 중

背中【名】せなか

● 背中合わせ(せなかあわせ：서로 등을 맞댐)

例文 ① 背中がかゆい。

등이 가렵다.

② 生と死が背中合わせの大冒険だ。

사활이 걸린 대모험이다.

※ 仲が悪いこと、裏表の関係にあること。
사이가 나쁜 것(불화). 속과 겉의 관계에 있는 일.

問題1　下から適当な漢字の単語を選びなさい。

(1) 彼は<u>かお</u>色がいい。

(2) 西洋人を青い<u>め</u>の人とも言います。

(3) 彼は耳と鼻と<u>くち</u>が大きい。

(4) 英語の先生は髪が長くて<u>こえ</u>がきれいです。

(5) <u>ち</u>は水より濃い。

(6) <u>あたま</u>を下げて挨拶する。

(7) 彼女は手首も<u>あしくび</u>も細い。

(8) お相撲さんは腕も<u>かた</u>も強い。

(9) お相撲さんは胸も<u>はら</u>も大きい。

(10) 彼は<u>こし</u>が低くて優しい。

①頭　　②血　　③声　　④顔　　⑤口
⑥足首　⑦目　　⑧腰　　⑨肩　　⑩腹

11장

家族

- 父・母・兄・姉・弟・妹・祖父・祖母・伯父/叔父・伯母/叔母
- 親・子・夫・妻・息子・娘・孫・嫁・夫婦・両親

※医師(医者)・看護士・教師(先生)・保育士・警(察)官・弁護士・運転手・美容師・画家・デザイナー・調理師(コック)・俳優・歌手・モデル・エンジニア・建築士・大工・販売・接客・農家・漁師・小説家・映画監督・公務員・会社員・主婦

아비 부

父【名】ちち・フ ＊お父さん

- 家父長(かふちょう：가부장)

例文

① 父と遊んだ記憶はあまりない。

아버지와 놀았던 기억은 그다지 없다.

② 進化論の父、ダーウィンの学説だ。

진화론의 아버지 다윈의 학설이다.

어미 모

母【名】はは・ボ ＊お母さん

- 母校(ぼこう：모교)
- 乳母(うば：유모)＊特殊読み
- 母屋(おもや：몸체, 본가)＊特殊読み

例文

① 母の料理が一番おいしい。

어머니의 요리가 가장 맛있다.

② 母なる大地に抱かれる。

모성의 대지에 안긴다.

兄【名】あに・ケイ・キョウ ＊お兄さん

- 兄貴(あにき：형)
- 父兄(ふけい：부형)
- 兄弟(きょうだい：형제)

例文 ① 兄に勉強を教えてもらう。

형에게 공부를 배운다.

② 我が家に兄嫁がやってくる。

우리집에 형수가 온다(형수가 시집온다).

姉【名】あね・シ ＊お姉さん

- 姉御(あねご：あねの 높임말)
- 姉妹(しまい：자매)

例文 ① 姉は結婚して大阪に住んでいる。

누나(언니)는 결혼해서 오사카에 살고 있다.

② 光州と仙台は姉妹都市だ。

광주와 센다이는 자매 도시이다.

弟
아우 제

弟【名】おとうと・テイ・ダイ・デ

- 師弟(してい : 사제)
- 弟子(でし : 제자)

例文 ① 弟は受験生だ。

동생은 수험생이다.

② 私は内弟子※として、四年間苦労した。

나는 내제자로 4년간 고생했다.

※ 師匠の家に住み込んで手伝いをしながら、その業を習う弟子のこと。
스승의 집에 살면서 조수 노릇하며 기술을 습득하는 제자를 가리킴.

妹
누이 매

妹【名】いもうと・マイ

例文 ① 妹はまだ子供だ。

여동생은 아직 어린이이다.

② 「妹のようにかわいいね。」

여동생처럼 귀엽네.

祖父【名】そふ ＊おじいさん

例文 ① 僕は祖父に似ているとよく言われる。

나는 할아버지를 닮았다는 말을 자주 듣는다.

② 祖父は職人気質の人だった。

할아버지는 장인 기질이 있는 사람이었다.

祖母【名】そぼ ＊おばあさん

例文 ① 両親が共働きだったので、祖母に育てられたようなものだ。

양친이 맞벌이를 해서 할머니한테서 자란 것과 다를 바 없다.

② 祖母が亡くなって三年になる。

할머니가 돌아가신 지 3년이 된다.

伯父　맏 백　아비 부　叔父　아재비 숙　아비 부

伯父/叔父【名】おじ ＊おじさん

※「伯父」は父母の兄で、「叔父」は父母の弟を指す。

例文　① お正月はおじからお年玉をもらう。

설날에는 백부(숙부)로부터 세뱃돈을 받는다.

② おじに就職を世話してもらった。

취직하는데 백부의 도움을 받았다.

伯母　맏 백　어미 모　叔母　아재비 숙　어미 모

伯母/叔母【名】おば ＊おばさん

※「伯母」は父母の姉で、「叔母」は父母の妹を指す。

例文　① 早く結婚しろとうるさいのはおばたちだ。

빨리 결혼하라고 잔소리하는 사람은 부모님의 자매들이다.

② おじやおばの子供を「いとこ」という。

부모님 형제자매의 자식을 사촌이라고 한다.

親　친할 친

親【名】おや・シン・親(した)しい

- 親心(おやごころ：부모 마음)
- 親族(しんぞく：친족)

例文 ① 親の心子知らず。〈ことわざ〉

부모 마음을 자식은 모른다.

② 冠婚葬祭には親類縁者が集まる。

관혼상제에는 일가친척이 모인다.

子　아들 자

子【名】こ・シ

- 子育て(こそだて：아이 양육)
- 帰国子女(きこくしじょ：귀국자녀)

例文 ① 子を持って知る親の恩。〈ことわざ〉

자식을 가지고야 알게 되는 부모의 은혜

② 子犬や子猫を捨てるのは許せない。

개나 고양이 새끼를 버리는 것은 용서할 수 없다.

夫 【名】 おっと・フ・フウ

지아비 부

- 夫人(ふじん : 부인)
- 夫婦(ふうふ : 부부)

例文 ①「夫は単身赴任中です。」

남편은 단신부임 중이다.

② 夫人同伴のパーティに招待された。

부부동반 파티에 초대되었다.

妻 【名】 つま・サイ

아내 처

- 妻帯者(さいたいしゃ : 아내가 있는 자)

例文 ①「妻は大学の後輩です。」

아내는 대학 후배이다.

② 毎日、愛妻弁当を持って行く。

매일 아내가 손수 만들어준 도시락을 가지고 간다.

息子【名】むすこ

例文
① 息子が大きくなったら、いっしょに酒を飲みたい。

자식이 크면 함께 술을 마시고 싶다.

②「課長の息子さんですか。」

과장님의 아드님입니까?

娘【名】むすめ

● 娘心(むすめごころ : 순정적 처녀 마음)

例文
①「はじめまして。娘の美香です。」

처음 뵙겠습니다. 딸 미나입니다.

② 一人娘なので、婿をとりたい。

외동딸이라서 사위를 보고 싶다.

孫 【名】 まご・ソン
손자 손

- 内孫(うちまご ：친손자)
- 子孫(しそん ：자손)

例文

① 孫の成長が楽しみだ。

손자손녀가 성장하는 것이 즐거움이다.

② 子孫繁栄を願う。

자손 번영을 기원하다.

嫁 【名】 よめ・カ・嫁(とつ)ぐ
시집갈 가

- 花嫁(はなよめ ：신부)
- 責任転嫁(せきにんてんか ：책임전가)

例文

① 嫁と姑の関係は、どこの家でも難しい。

며느리와 시어머니의 관계는 어느 집에서나 어렵다.

② 来月、嫁を迎える。

다음 달 결혼한다.

夫婦【名】ふうふ

● 夫婦仲（ふうふなか：부부사이）

例文 ① 「いつも夫婦仲がよろしいですね。」

항상 부부사이가 좋네요.

② ゴールデンウィークに夫婦で旅行する計画だ。

황금연휴 때 부부가 함께 여행할 계획이다.

両親【名】りょうしん

例文 ① 友だちの家は両親共先生をしている。

친구 집은 양친이 모두 선생을 하고 있다.

② 両親揃って、試合の応援に来てくれた。

부모님이 함께 시합에 응원을 와 주었다.

問題1　最も適当な言葉を選びなさい。

(1) 親と子供がいっしょに楽しめる遊びを探すことが必要です。
　　① しん, じ ② おや, じ ③ おや, こ ④ おん, こ

(2) 妻と息子は旅行に行けると期待している様子だ。
　　① つま, むすこ　　　　② つま, そくご
　　③ さい, そくご　　　　④ さい, むすこ

(3) 両親からよく話をうかがってましたので親しく感じます。
　　① ようちん　　　　② ようしん　　　　③ りょうおや
　　④ りょうちん　　　　⑤ りょうしん

問題2　下から意味に適当な漢字の単語を選びなさい。

(1) 息子の配偶者(妻)、結婚したばかりの女性、結婚の相手(配偶者)
　　としての女性。

(2) 自分の息子や娘の子を指す言葉。

(3) 適法の婚姻をした男性と女性。

　　① 夫婦　　② 嫁　　③ 孫

12장

食べ物＆飲み物

- 米・肉・魚・野菜・豆・卵・水・湯・油・砂糖・塩
- 食事・御飯・和食・中華・料理・菓子・果物・酒・茶・牛乳

※寿司・天ぷら・すきやき・刺身・天丼・親子丼・うどん・そば・ラーメン・焼き
そば・チャーハン・カレーライス・ハンバーグ・から揚げ・お好み焼き・たこ焼
き・パン・おにぎり・味噌汁・漬物・コーヒー・ジュース

쌀 미

米【名】こめ・ベイ・マイ

- 米粒(こめつぶ：쌀알)
- 米作(べいさく：벼농사)
- 新米(しんまい：햅쌀)

例文 ① 水田で米を作る。

논에서 벼를 재배한다.

② 新米が出荷された。

햅쌀이 출하되었다.

고기 육

肉【名】ニク

- 肉食(にくしょく：육식)
- 肉眼(にくがん：육안)

例文 ① 若い人は肉が好きだ。

젊은 사람은 고기를 좋아한다.

② 果肉入りのジュースが発売された。

과육이 든 주스가 발매되었다.

魚【名】うお・さかな・ギョ

- 魚市場(うおいちば：어시장)
- 魚屋(さかなや：생선가게)
- 魚介(ぎょかい：해산물)

例文 ① 魚の下ろし方がよくわからない。

생선을 써는 방법을 잘 모른다.

② 日本人は焼き魚をよく食べる。

일본인은 구운 생선을 잘 먹는다.

野菜【名】やさい

- 生野菜(なまやさい：생야채)

例文 ① なるべく有機野菜を買うようにしている。

가능한 한 유기야채를 사도록 하고 있다.

② 野菜サラダにドレッシングをかける。

야채샐러드에 드레싱을 뿌리다.

豆【名】まめ・トウ・ズ

- 枝豆(えだまめ：풋콩)
- 豆腐(とうふ：두부)
- 大豆(だいず：대두)

例文 ① 豆類は体にいい食品だ。

콩류는 몸에 좋은 식품이다.

② 国産大豆で作った豆腐は高い。

국산 대두로 만든 두부는 비싸다.

卵【名】たまご・ラン

- 生卵(なまたまご：생 달걀)
- 卵黄(らんおう：달걀 노른자위)

例文 ① 納豆に卵を入れるとおいしい。

낫토에 달걀을 넣으면 맛있다.

② マヨネーズは卵黄とサラダ油と酢で作られる。

마요네즈는 달걀 노른자위와 식용유와 식초로 만들어진다.

水【名】みず・スイ

- 飲み水(のみみず：음료수)
- 水分(すいぶん：수분)

例文　①「すみません。水のおかわりください。」

여기요. 물 한 잔 더 주세요.

②　ウイスキーを水割りで飲む。

위스키를 물에 타서 마신다.

湯【名】ゆ・トウ

※ 飲料を意味する場合、話し言葉では、普通「お湯」と言う。
- ぬるま湯(ぬるまゆ：미지근한 물)
- 熱湯(ねっとう：열탕)

例文　①「お湯が沸いたら、スパゲティを入れるのよ。」

물이 끓으면 스파게티를 넣어요.

②「〈お風呂の中で〉いい湯だなあ。」

물 좋다.

油【名】あぶら・ユ

- ごま油(ごまあぶら：참기름)
- 油脂(ゆし：유지)

例文 ① 冷蔵庫の残った野菜で油炒めを作る。

냉장고에 남은 야채로 기름 볶음을 한다.

② ドーナッツは油で揚げているので、カロリーが高い。

도넛은 기름으로 튀겨서 칼로리가 높다.

砂糖【名】さとう

- 角砂糖(かくざとう：각설탕)

例文 ①「コーヒーに砂糖とミルクは入れますか。」

커피에 설탕과 밀크를 넣습니까?

② 昔、砂糖は貴重品だった。

옛날엔 설탕은 귀중품이었다.

소금 염

塩【名】しお・エン

- 塩味(しおあじ：소금 맛)
- 塩田(えんでん：염전)

例文 ① 塩加減が料理の味を決める。

소금의 가감에 따라 요리의 맛이 결정된다.

② 塩分の取りすぎに注意している。

염분의 지나친 섭취에 주의하고 있다.

食　事
밥 식　일 사

食事【名】【自】しょくじ
- 食事代(しょくじだい：식사대)
- 食事中(しょくじちゅう：식사중)

例文 ① 不規則な食事になりがちだ。

불규칙한 식사가 되기 쉽다.

② 十人分の食事を準備した。

십 인분의 식사를 준비했다.

御　飯
거느릴 어　밥 반

御飯【名】ごはん
- 朝御飯(あさごはん：아침식사)

例文 ①「きょうの夜御飯、何にする?」

오늘의 저녁식사는 무엇으로 하지?

②「御飯はよくかんで食べましょう。」

밥은 잘 씹어서 먹읍시다.

和食【名】わしょく (일식)

例文 ① 「和食と洋食とどちらがいいですか。」

일식과 양식 어느 쪽이 좋습니까?

② 欧米でも和食レストランが流行っているそうだ。

미국에서도 일식 레스토랑이 유행하고 있다고 한다.

中華【名】ちゅうか

● 中華料理(ちゅうかりょうり : 중화요리)

例文 ① 「横浜の中華街に行こうよ。」

요코하마의 중국 거리에 가요.

② 夏になると冷やし中華が食べたくなる。

여름이 되면 히야시츄카가 먹고 싶어진다.

料 理

헤아릴 요　다스릴 리

料理【名】りょうり

- フランス料理(ふらんすりょうり : 프랑스요리)
- 料理人(りょうりにん : 요리인)

例文 ① 友人の家で手料理をごちそうになった。

친구 집에서 손수 만든 요리를 맛있게 먹었다.

② 「エスニック料理のお店で辛いものでも食べようか。」

민족 요리점에서 매운 거라도 먹을까요?

※ エスニック(ethnic)

菓 子

과자 과　아들 자

菓子【名】かし

- 洋菓子/和菓子(ようがし : 양과자/わがし : 일본식 과자)
- 菓子パン(かしぱん : 과자빵)

例文 ① 甘いお菓子に目が無い。※

달콤한 과자에 사족을 못 쓴다.

※ 他の何ものにも代えられないほど、それが好きである状態。
다른 것과는 바꿀 수 없을 정도로 좋아하는 상태.

② ポテトチップスのようなスナック菓子ばかり食べている。

포테이토칩과 같은 스넥과자만 먹고 있다.

果物
실과 과 물건 물

果物【名】くだもの

例文 ① デザートに果物を食べる。

디저트로 과일을 먹는다.

② 野菜や果物の生ジュースは美容と健康によい。

야채나 과일의 생주스는 미용과 건강에 좋다.

酒
술 주

酒【名】さけ・さか・シュ

※ 狭義では、日本酒のこと。
- 酒癖(さけぐせ：술버릇)
- 酒代(さかだい：술값)
- 日本酒(にほんしゅ：일본 청주)

例文 ①「お酒、一杯飲みに行かない?」

술 한잔 하러 가지 않을래?

② 酒が入ると気が大きくなる。

술이 들어가면 통이 커진다.

茶
차 다

茶【名】チャ・サ

- 紅茶(こうちゃ：홍차)
- 茶道(さどう：다도)

例文

① 「そろそろお茶にしましょう。」

슬슬 차라도 마시죠.

② 春と秋には庭園でお茶会を催す。

봄과 가을에는 정원에서 다도회를 개최한다.

牛乳
소우 젖유

牛乳【名】ぎゅうにゅう

- 牛乳配達(ぎゅうにゅうはいたつ：우유배달)

例文

① ヨーグルトは牛乳から作られる。

요구르트는 우유에서 만들어진다.

② 牛乳パックをリサイクルする。

우유팩을 재활용한다.

問題1　下から適当な漢字の単語を選びなさい。

美味しいチャーハンの作り方。

(1) まず、フライパンに＿＿＿＿＿＿を敷きます。

(2) そこに＿＿＿＿＿＿を入れて炒めます。

(3) 人参や玉ねぎなど、＿＿＿＿＿＿も入れて炒めます。

(4) ＿＿＿＿＿＿をかき混ぜながら注ぎ
　　白飯を入れギュッ、ギュッ、と押さえつけます。

(5) 最初に炒めた物と一緒に、＿＿＿＿＿＿とコショウで調味しな
　　がら炒めます。
　　完成。おいしく召し上がれ。

卵　　　お肉　　　野菜　　　塩　　　油

問題2　下から適当な漢字の単語を選びなさい。

(1) 今日よかったらフランスりょうりでも食べに行きませんか?
　　① 果物　　② 御飯　　③ 料理　　④ 両親

(2) 子供はぎゅうにゅうを飲んで大きくなろう。
　　① 中華　　② 牛乳　　③ 両親　　④ 御飯

(3) おさけは二十歳から。
　　① 油　　② 酒　　③ 卵　　④ 豆

(4) 入院見舞いに<u>くだもの</u>を買って行った。
   ① 果物　　② 中華　　③ 和食　　④ 砂糖

(5) あなたは<u>わしょく</u>と中華と、どっちが好みですか?
   ① 和食　　② 料理　　③ 両親　　④ 菓子

(6) <u>おかし</u>を食べ過ぎると太りすぎたり虫歯になります。
   ① 湯　　　② 菓子　　③ 砂糖　　④ 御飯

13장

趣味

- 旅行・音楽・映画・写真・読書・登山・温泉・野球・水泳・茶道

旅行

旅行【名】【自】りょこう

- 旅行代理店(りょこうだいりてん：여행 대리점)
- 海外旅行(かいがいりょこう：해외여행)

例文

① 旅行は三泊四日の予定だ。

여행은 3박4일 예정이다.

②「新婚旅行は南の島がいいわ。」

신혼여행은 남쪽 섬이 좋다.

音楽

音楽【名】おんがく

- 音楽鑑賞(おんがくかんしょう：음악감상)
- 民族音楽(みんぞくおんがく：민족음악)

例文

① 音楽を聴かない日はない。

음악을 듣지 않는 날은 없다.

② 毎年夏になると、音楽祭が開かれる。

매년 여름이 되면 음악제가 열린다.

映画 【名】えいが

- ハリウッド映画(はりうっどえいが：헐리웃 영화)
- 映画化(えいがか：영화화)

例文 ① 人気マンガが映画化された。

인기 만화가 영화화 됐다.

② この作品はカンヌ映画祭で受賞した。

이 작품은 칸느영화제에서 수상했다.

写真 【名】しゃしん

- 写真家(しゃしんか：사진가)
- 証明写真(しょうめいしゃしん：증명사진)

例文 ①「新しいデジカメを買ったので、写真を撮ってあげる。」

새로운 디지털카메라를 샀으니까 사진을 찍어 줄게.

② 私は写真写りがよくない。

나는 사진발이 좋지 않다.

読書
読을 독　글 서

読書【名】【自】どくしょ

- 読書家(どくしょか：독서가)
- 読書週間(どくしょしゅうかん：독서주간)

例文 ① 夜、寝る前に必ず読書をする。

밤에 자기 전에 반드시 독서를 한다.

② 夏休みの宿題に読書感想文がある。

여름방학 숙제로 독서감상문이 있다.

登山
오를 등　메 산

登山【名】【自】とざん

- 登山隊(とざんたい：등산대)
- 富士登山(ふじとざん：후지 등산)

例文 ① 「僕の趣味は登山なんて大げさなものではなく、山登りだよ。」

내 취미는 등산이라는 거창한 것이 아니라 산 오르기예요.

② ヒマラヤ登山隊を結成する。

히말라야 등산대를 결성한다.

温泉
따뜻할 온　샘 천

温泉【名】おんせん

- 温泉宿（おんせんやど：온천장）
- 硫黄温泉（いおうおんせん：유황온천）

例文

① 忘年会は温泉で宴会だ。

망년회는 온천에서 연회이다.

② 温泉に入って、のんびりするのが日本人の楽しみだ。

온천에 들어가 한가로이 지내는 것이 일본인의 즐거움이다.

野球
들 야　공 구

野球【名】やきゅう

- 野球観戦（やきゅうかんせん：야구 관전）
- 高校野球（こうこうやきゅう：고등학교 야구）

例文

① 職場の仲間と草野球を楽しむ。

직장 동료와 동네 야구를 즐긴다.

②「プロ野球では、どこのチームが好き?」

프로야구에서는 어느 팀을 좋아해?

水泳

물 수　헤엄칠 영

水泳【名】【自】すいえい

● 寒中水泳(かんちゅうすいえい：한중 수영)

例文 ① ダイエットのために水泳を始めた。

다이어트를 위해 수영을 시작했다.

② 夏になると、体育の授業は水泳ばかりだ。

여름이 되자 체육수업은 수영뿐이다.

茶道

차 다　길 도

茶道【名】さどう

● 茶道部(さどうぶ：다도부)

例文 ① 茶道のことを「茶の湯」ともいう。

다도를 '차의 탕'이라고도 한다.

② 茶道は16世紀、千利休によって完成された。

다도는 16세기 센노리큐에 의해 완성되었다.

問題1　下から適当な漢字の単語を選びなさい。

(1) 友達と<u>えいが</u>を見に行くのは楽しいです。
　　① 映画　　② 読書　　③ 写真　　④ 水泳

(2) 秋は<u>どくしょ</u>の季節でもあり、食欲の季節でもある。
　　① 登山　　② 温泉　　③ 茶道　　④ 読書

(3) <u>やきゅう</u>選手は全国民のスターだ。
　　① 水泳　　② 茶道　　③ 野菜　　④ 野球

(4) <u>おんせん</u>に浸かりながら焼酎でも一杯したい気分だ。
　　① 風呂　　② 温泉　　③ 音楽　　④ 登山

(5) 韓国では「キムチ」日本では「チーズ」が<u>しゃしん</u>を撮る時の合図
　　だ。
　　① 写真　　② 親戚　　③ 旅行　　④ 茶道

問題2　下から適当な漢字の単語を選びなさい。

(1) <u>登山</u>家が山を登る理由は、そこに山があるから登ると言う。
　　① とさん　　② とうさん　　③ とざん　　④ とうざん

(2) <u>旅行</u>会社は夏になるとお客が増えて忙しくなる。
　　① よこう　　② りょこう　　③ ようこう　　④ りょうこう

(3) <u>茶道</u>の道は、静かで厳しい。だからこそ難しく美しい。
　　①さどう　　②ちゃどう　③ちゃみち　④さみち

(4) <u>音楽</u>の試験で緊張したため失敗してしまった。
　　①おんらく　②うんがく　③うんらく　④おんがく

(5) 子供の頃は、<u>水泳</u>が苦手だった。
　　①すえい　　②すよう　　③すいよう　④すいえい

14장

乗り物&交通

- 電車・地下鉄・新幹線・飛行機・船・自動車/車・自転車・時刻表・始発・終電
- 駅・空港・港・停留所・駐車場・道路・歩道/車道・線路・踏切・橋

電車

번개 전　수레 차

電車【名】でんしゃ

- 路面電車(ろめんでんしゃ：노면전철)
- 登山電車(とざんでんしゃ：등산전철)

例文 ① 「電車の時間に間に合わないから、お先に失礼するよ。」

전철 시간에 늦을 것 같아, 먼저 실례해요.

② 高校生の時は電車通学だった。

고등학생 때는 전철 통학이었다.

地下鉄

땅 지　아래 하　쇠 철

地下鉄【名】ちかてつ

例文 ① 渋谷駅で、JRから地下鉄に乗り換える。

시부야역에서, JR에서 지하철로 환승한다.

② 東京の地下鉄の路線は日本人にもわかりにくい。

도쿄의 지하철 노선은 일본인도 이해하기 어렵다.

新幹線

새로울 신　줄기 간　줄 선

新幹線【名】しんかんせん

● 東海道新幹線(とうかいどうしんかんせん : 도카이도 신간선)

例文 ① 東京大阪間の新幹線の最速時間は2時間25分だ。

도쿄 오사카 간 신간선의 최고 빠른 시간은 2시간 25분이다.

② 「新幹線の乗り心地はどうですか?」

신간선의 승차감은 어떻습니까?

飛行機

날 비　다닐 행　들 기

飛行機【名】ひこうき

● 飛行機雲(ひこうきぐも : 비행운)

例文 ① きょうの飛行機は、ほぼ満席だった。

오늘의 비행기는 거의 만석이었다.

② 飛行機雲がずっと続いている。

비행운이 계속되고 있다.

船【名】ふね・ふな・セン

배 선

- 湯船(ゆぶね：욕조)
- 船酔い(ふなよい：뱃멀미)
- 客船(きゃくせん：객선)

例文 ① 船で世界一周をしてみたい。

배로 세계일주를 해보고 싶다.

② 釜山から博多まで高速船で行く。

부산에서 하카다까지 고속선으로 간다.

自動車

스스로 자 움직일 동 수레 차

自動車/車【名】じどうしゃ/くるま・シャ

- 自動車通勤(じどうしゃつうきん：자동차 통근)
- 国産自動車(こくさんじどうしゃ：국산 자동차)
- 車社会(くるましゃかい：자동차 사회)
- 自家用車(じかようしゃ：자가용 자동차)

例文 ① 彼は自動車会社の営業マンだ。

그는 자동차 회사의 영업맨이다.

②「新しい車、買ったの?」

새 차 샀어?

自 転 車

스스로 자　구를 전　수레 차

自転車【名】じてんしゃ

● 自転車操業(じてんしゃそうぎょう：자전거 조업)

例文　① 子供に自転車の乗り方を教える。

어린이에게 자전거 타는 방법을 가르친다.

② 駅前に自転車置き場を作ってほしい。

역 앞에 자전거 보관장소를 만들었으면 한다.

時 刻 表

때 시　새길 각　겉 표

時刻表【名】じこくひょう

例文　① JRの時刻表は100万部も売れるベストセラーだ。

JR의 시각표는 100만 부나 팔리는 베스트셀러이다.

②「時刻表を見ると、7時台の列車はたくさんあるんだね。」

시각표를 보면 7시대 열차가 많이 있네.

始 発

비로소 시　필 발

始発【名】しはつ

- 始発電車(しはつでんしゃ：첫차)
- 始発駅(しはつえき：출발역)

例文

① 家が遠いので、いつも始発に乗って学校に行く。

　집이 멀어 언제나 첫차를 타고 학교에 간다.

②「この駅は始発駅だから、座れるでしょう。」

　이 역은 출발역이라서 앉을 수 있을 것이다.

終 電

마칠 종　번개 전

終電【名】しゅうでん

- 終電車(しゅうでんしゃ：마지막 전차)

例文

① この駅の終電は11時53分だ。

　이 역의 마지막 전차는 11시 53분이다.

②「もしもし、お母さん、きょうは終電になるよ。」

　여보세요. 어머니 오늘은 막차를 타고 갈게요.

駅【名】エキ

- 東京駅(とうきょうえき : 도쿄역)
- 駅弁(えきべん : 역에서 파는 도시락)

例文　① 駅で切符を買う。

역에서 표를 산다.

② 「駅の改札口で待ち合わせよう。」

역 개찰구에서 만나요.

空港
빌 공　항구 항

空港【名】くうこう

- 成田空港(なりたくうこう : 나리타공항)
- 国際空港(こくさいくうこう : 국제공항)

例文　① 「空港には出発の2時間前に集合してください。」

공항에는 출발 2시간 전에 집합해 주세요.

② 空港の免税店でブランド品を買う。

공항 면세점에서 브랜드 제품을 산다.

港【名】みなと・コウ

- 港町(みなとまち：항구도시)
- 漁港(ぎょこう：어항)

例文 ① 横浜や神戸は港町の面影を残す。

요코하마나 고베는 항구도시의 모습을 떠올리게 한다.

② ここはマグロの漁獲量が全国一の漁港だ。

여기는 참치 어획량이 전국 제일의 어항이다.

停留所

머무를 정 마무를 류 바 소

停留所【名】ていりゅうじょ

例文 ① 停留所で次のバスをしばらく待った。

정류소에서 다음 버스를 한참 기다렸다.

② バス停※にたくさんの人が並んでいる。

버스정류소에 많은 사람이 줄서 있다.

※ 普通「バスの停留所」のことを「バス停」という。
　　보통「버스 정류장」을「バス停」라고 한다.

駐車場
머무를 주 수레 차 마당 장

駐車場【名】ちゅうしゃじょう

- 無料駐車場(むりょうちゅうしゃじょう：무료주차장)

例文 ①「奥の駐車場に入れてください。」

안쪽 주차장에 넣어 주세요.

②「近くに1時間100円の駐車場があるよ。」

근처에 1시간에 100엔인 주차장이 있어요.

道路
길 도 길 로

道路【名】どうろ

- 高速道路(こうそくどうろ：고속도로)
- 道路標識(どうろひょうしき：도로표식)
※ 普通「道路」のことを「道」という。

例文 ①信号機のない道路は事故が多い。

신호등이 없는 도로는 사고가 많다.

②この道は一方通行だ。

이 길은 일방통행이다.

歩道・車道【名】ほどう・しゃどう

걸을 보 길 도　수레 차 길 도

- 横断歩道(おうだんほどう：횡단보도)
- 歩道橋(ほどうきょう：육교)

例文

① 歩道と車道が分かれていない道は危険だ。

인도와 차도가 나뉘어져 있지 않은 길은 위험하다.

② 歩道橋はお年寄りには不親切だ。

육교는 노인들에게는 불친절하다.

線路【名】せんろ

줄 선 길 로

- 線路工事(せんろこうじ：선로공사)
- 鉄道線路(てつどうせんろ：철도노선)

例文

① 「線路で遊んではいけません。」

선로에서 놀면 안 됩니다.

② 市民センターは線路を越えたところにある。

시민센터는 선로를 넘은 곳에 있다.

踏切
밟을 답　끊을 절

踏切【名】ふみきり

- 踏切事故(ふみきりじこ：건널목 사고)

例文

① ここは踏切事故が多発している。

여기는 건널목 사고가 자주 일어나고 있다.

② ラッシュ時になると、踏切が全然開かない。

러쉬아워가 되면 건널목이 전혀 비지 않는다.

橋
다리 교

橋【名】はし・キョウ

- 架け橋(かけはし：가교)
- 鉄橋(てっきょう：철교)

例文

① 瀬戸大橋は本州と四国を結んでいる。

세토대교는 혼슈와 시코쿠를 잇고 있다.

② 石橋を叩いて渡る。〈ことわざ〉

돌다리도 두드려보고 건넌다.

※ 慎重過ぎるほど注意をし、絶対間違えないようにすること。
　너무 신중하게 주의하여, 절대로 실수 없도록 하는 것.

問題1　下から適当な単語を選びなさい。

(1) <u>終電</u>になる前に家に帰らなくちゃいけない。
　　① しゅうでん　② じゅうでん　③ そうでん　④ じゅうてん

(2) いつ出発するか分からない時は<u>時刻表</u>を見たらいい。
　　① しかくひょう　　　　② ちこくひょう
　　③ じこくひょう　　　　④ じがくひょう

(3) ここの<u>駐車場</u>は1時間に200円です。
　　① じゅちゃじょう　　　② じゅしゃじょう
　　③ ちゅうちゃじょう　　④ ちゅうしゃじょう

(4) バス停とは、バス<u>停留場</u>の略です。
　　① ていりゅうじょう　② せいりゅじょう
　　③ せいりゅうじょ　　④ ていろくじょう

(5) <u>えき</u>前に新しいたこ焼き屋さんが出来たそうだ。
　　① 話　　　② 訳　　　③ 駅　　　④ 港

(6) 電車を待つ時は、<u>せんろ</u>に近付かないように注意してください。
　　① 線路　　② 踏切　　③ 道路　　④ 歩道

(7) <u>くうこう</u>には1時間前に集合してください。
　　① 空港　　② 線路　　③ 踏切　　④ 駅前

(8) <u>はし</u>を渡ってみたら一面の野原が続いていた。
　　① 駅　　　② 港　　　③ 船　　　④ 橋

15장

町＆村

- 学校・市役所・警察/署・交番・消防/署・郵便/局・寺・神社・教会・工場
- 公園・通り・商店・銀行・病院・百貨店・旅館・田・畑・団地

※公民館・映画館・美術館・博物館・劇場・美容院・床屋(理容室)・薬局・八百屋・酒屋・花屋・書店・食堂・寿司屋・ラーメン屋・居酒屋・バー・喫茶店・ホテル・コンビニエンスストア(コンビニ)・100円ショップ・レンタルビデオ屋

学校

배울 학　학교 교

学校【名】がっこう

- 小学校(しょうがっこう：초등학교)
- 専門学校(せんもんがっこう：전문학교)

例文 ① 学校を出たばかりで経験がない。

학교를 막 졸업하여 경험이 없다.

② 中学校と高校は男子校に通った。

중학교와 고등학교는 남학교를 다녔다.

市役所

저자 시　부릴 역　바 소

市役所【名】しやくしょ

- 市役所職員(しやくしょしょくいん：시청 직원)

例文 ① 最近は市役所の窓口の応対もよくなった。

최근은 시청 창구의 대응도 좋아졌다.

② 住民票を取りに市役所へ行かなければならない。

주민표를 받으러 시청에 가야한다.

警察/署【名】けいさつ/しょ

깨우칠 경　살필 찰　｜　마을 서

◦ 警察官(けいさつかん : 경찰관)

例文 ①「おじは中央警察署の刑事をしている。」

삼촌은 중앙경찰서 형사이다.

② 参考人として警察に呼ばれた。

참고인으로서 경찰에 소환되었다.

交番【名】こうばん

사귈 교　차례 번

※「派出所」ともいう。

例文 ① 家の近所に交番があるので安心だ。

집 근처에 파출소가 있어 안심이다.

② 交番の前には、いつもお巡りさん[※]が立っている。

파출소 앞에는 언제나 경찰관이 서 있다.

※　巡査・警官の俗称。
　　순사·경관의 속칭.

<table><tr><td>消防
사라질 소 막을 방</td><td>署
마을 서</td></tr></table>

消防/署【名】しょうぼう/しょ

- 消防士(しょうぼうし：소방사)　- 消防車(しょうぼうしゃ：소방차)

例文
① 火事の時は消防署に電話する。

화재시에는 소방서에 전화한다.

② 消防訓練には住民の積極的な参加が望まれる。

소방훈련에는 주민의 적극적인 참가가 요망된다.

<table><tr><td>郵便
우편 우　편할 편</td><td>局
판 국</td></tr></table>

郵便/局【名】ゆうびん/きょく

- 郵便局員(ゆうびんきょくいん：우체국원)
- 郵便配達(ゆうびんはいたつ：우편배달)

例文
① 今から郵便局に手紙を出しに行く。

지금부터 우체국에 편지 부치러 간다.

② 年賀状の郵便配達のアルバイトをする。

연하장을 우편배달하는 아르바이트를 한다.

寺 절 사

寺【名】てら・ジ

- 寺子屋(てらこや : 에도시대의 초등교육기관)
- 寺院(じいん : 사원)

例文 ① 京都や奈良には有名なお寺がたくさんある。

교토나 나라에는 유명한 절이 많이 있다.

② 寺で葬式をする人が減っている。

절에서 장례식을 하는 사람이 줄고 있다.

神社 귀신 신　모일 사

神社【名】じんじゃ

- 靖国神社(やすくにじんじゃ : 야스쿠니 신사)

例文 ① 神社に行って、子供の七五三をお祝いする。

신사에 가서 아이들의 7, 5, 3세 성장 축하 행사를 한다.

② 神社でおみくじをひくのが楽しみだ。

신사에서 길흉을 점치는 제비를 뽑는 것이 즐거움이다.

教会

가르칠 교　모일 회

教会【名】きょうかい

● 教会音楽(きょうかいおんがく : 교회 음악)

例文

① 日曜日には、教会に行く。

일요일에는 교회에 간다.

② 教会で結婚式をするのが夢だ。

교회에서 결혼식을 하는 것이 꿈이다.

工場

장인 공　마당 장

工場【名】こうじょう・こうば

● 工場長(こうじょうちょう : 공장장)
● 軍需工場(ぐんじゅこうじょう : 군수공장)
● 町工場(まちこうば : 시내에 있는 작은 공장)

※「こうば」の方が小規模なものを指すことが多い。

例文

①「この見本を至急、工場に回してくれ。」

이 견본을 급히 공장에 갖다 줘.

② 下請けの町工場がどんどんつぶれている。

하청하는 시내의 작은 공장들이 잇달아 도산하고 있다.

公園【名】こうえん

- 日比谷公園(ひびやこうえん：히비야 공원)
- 国立公園(こくりつこうえん：국립공원)

例文 ① 近くの公園を散歩する。

가까운 공원을 산책한다.

② 国立公園では自然保護が優先される。

국립공원에서는 자연보호가 우선된다.

通り【名】とおり

- 大通り(おおどおり：대로)
- 通り道(とおりみち：지나는 길)

例文 ①「この通りには、おしゃれなレストランが多いんだよ。」

이 길에는 멋있는 레스토랑이 많아요.

② 通り道にコンビニがあって便利だ。

지나가는 길에 편의점이 있어 편리하다.

商店

장사 상　가게 점

商店【名】しょうてん

● 商店街(しょうてんがい : 상점가)

例文 ① 商店のクーポン券を利用する。

상점의 쿠폰을 이용한다.

② 商店街には大型ショッピングセンターにはない魅力がある。

상점가에는 대형 쇼핑센터에서는 느낄 수 없는 매력이 있다.

銀行

은 은　다닐 행

銀行【名】ぎんこう

● 銀行員(ぎんこういん: 은행원)
● 都市銀行(としぎんこう : 시중은행)

例文 ① 銀行に行って残高照会をする。

은행에 가서 잔고조회를 한다.

② 銀行員は転勤が多い。

은행원은 전근이 많다.

病院【名】びょういん

● 総合病院(そうごうびょういん：종합병원)

例文 ① 大学病院は外来も多く、何時間も待たされる。

대학병원은 외래도 많아서 몇 시간씩 기다려야 한다.

② 夜間救急で、病院をたらい回しにされた。

야간 응급처치 때문에 이 병원 저 병원을 전전했다.

※ 最後まで面倒を見るのではなく、次々に他に受け渡しすること。
끝까지 돌봐주는 것이 아니고, 차례로 다른 곳으로 인계하는 것.

百貨店【名】ひゃっかてん

※ 一般的には「デパート」という。

例文 ① 銀座には有名な百貨店が数多く出店している。

긴자에는 유명한 백화점이 상당수 점포를 내고 있다.

② 母とデパートに買い物に行く。

엄마와 백화점에 물건 사러 간다.

旅館【名】りょかん

나그네 여 집관

- 老舗旅館(しにせりょかん：전통 있는 여관)

例文 ① 「ホテルにしますか。旅館にしますか。」

호텔로 하시겠습니까? 여관으로 하시겠습니까?

② 旅館の宿泊料金は、普通二食付きの値段だ。

여관의 숙박요금은 보통 2끼분 식사를 포함한 가격이다.

田【名】た・デン

밭 전

- 田植え(たうえ：모내기)
- 水田(すいでん：물 논)

例文 ① 田植えの時期がやってきた。

모내기 시기가 되었다.

② 「昔は、このあたりも全部田んぼだったのに。」

옛날에는 이 근처도 전부 논이었는데.

畑【名】はたけ・はた

- 麦畑(むぎばたけ：밀밭)
- 畑作(はたさく：밭농사)

例文 ① 畑から採れたばかりの新鮮なトマトだ

밭에서 막 수확한 신선한 토마토이다.

② 貸し農園で小さな畑を作っている人も多い。

농장을 빌려 작은 밭을 경작하는 사람도 많다.

団地【名】だんち

例文 ① この団地も古くなった。

이 단지도 오래됐다.

② 町の活性化のために、工業団地を誘致する。

지역의 활성화를 위해 공업단지를 유치한다.

167

問題1　最も適当な言葉を選びなさい。

(1) 彼はがっこうを出たばかりで経験がありません。
　　① 学校　　② 月光　　③ 役所　　④ 警察

(2) 昔はしゃくしょの窓口の対応がよくなかった。
　　① 保健所　② 消防署　③ 市役所　④ 区役所

(3) こうばんの前には、いつもお巡りさんがたっている。
　　① 鋼板　　② 合板　　③ 小判　　④ 交番

(4) 今から年賀状を出しにゆうびんきょくへいくつもりです。
　　① 図書館　② 郵便局　③ 制度局　④ 体育館

(5) 日本には全国的にたくさんのじんじゃがあります。
　　① 神社　　② 信者　　③ 新車　　④ 忍者

(6) このサンプルを急いでこうじょうに回してください。
　　① 食堂　　② 湖上　　③ 古城　　④ 工場

(7) 食事が終わったら、近くのこうえんまで散歩に出かけましょう。
　　① 公演　　② 公園　　③ 道路　　④ 学校

(8) しょうてんのクーポン券を利用する。
　　① 病院　　② 電車　　③ 給食　　④ 商店

(9) ぎんこうに行って、必要なお金を引き出しました。
　　① 空港　　② 学校　　③ 銀行　　④ 銀座

(10)大学<u>びょういん</u>は外来も多く、何時間も待たされるのが普通である。

　①病院　　②病因　　③本部　　④本舗

(11)ホテルの宿泊料金は、<u>りょかん</u>より安い場合が多い。

　①洋館　　②施設　　③公館　　④旅館

(12)これは<u>はたけ</u>から採れたばかりの新鮮なキュウリだ。

　①裸　　②畑　　③田　　④水田

(13)この<u>だんち</u>も古くなった。

　①団地　　②地域　　③社会　　④団体

16장

自然

- 山・川・海・湖・沼・池・石・岩・砂・土
- 森・林・木・花・草・葉・空・月・星・雲

山【名】やま・サン

- 雪山(ゆきやま：설산)
- 山岳(さんがく：산악)
- 富士山(ふじさん：후지산)

例文 ① 近くの山にハイキングに行く。

가까운 산으로 하이킹을 가다.

② 仕事が山のようにある。

일거리가 산더미처럼 있다.

川【名】かわ・セン

- 小川(おがわ：시내)
- 河川(かせん：하천)
- ドナウ川(どなうがわ：도나우강)

例文 ① 川の流れが速い。

하천의 흐름이 빠르다.

② 家族が川の字なって寝る。※

가족이 자식을 사이에 두고 자다.

※ 夫婦が一子を中にして寝るたとえ。
부부가 아이를 사이에 두고 자는 것을 비유.

海【名】うみ・カイ
バダ 해

- 海辺(うみべ：해변)
- 海岸(かいがん：해안)
- 瀬戸内海(せとないかい：세토 내해)

例文 ① 海水浴に行って、スイカ割りをした。

해수욕을 가서 수박 쪼개기를 했다.

② その話は海のものとも山のものとも分からない。※

그 이야기는 어떻게 되가는 것인지 알 수가 없다.

※ どういうものか、どうなって行くか分からない。
内容이 무엇인지, 어떻게 되어가는지 모른다.

湖【名】みずうみ・コ
호수 호

- 湖畔(こはん：호반)
- 琵琶湖(びわこ：비와 호)

例文 ① 湖でボートに乗った。

호수에서 보트를 탔다.

② 湖畔近くの貸し別荘を予約した。

호반 근처 임대 별장을 예약했다.

沼【名】ぬま・ショウ

- 泥沼(どろぬま：수렁)
- 湖沼(こしょう：호수와 늪)

例文 ① ここは白鳥や渡り鳥が越冬する沼だ。

이곳은 백조나 철새가 월동하는 늪이다.

② イラク戦争は泥沼化の様相を呈している。

이라크 전쟁은 수렁화의 양상을 나타내고 있다.

池【名】いけ・チ

- 貯水池(ちょすいち：저수지)
- 電池(でんち：전지)

例文 ① 庭の池に鯉がいる。

정원 연못에 잉어가 있다.

② 古池や蛙飛びこむ水の音〈俳句・松尾芭蕉〉

해묵은 연못이여, 개구리 뛰어드는 물소리 나누나.

石【名】いし・セキ・シャク・コク

- 石ころ(いしころ：자갈)
- 石材(せきざい：석재)
- 磁石(じしゃく：자석)

例文 ① 石につまずいて転んだ。

돌에 걸려 넘어져 굴렀다.

② 「石にかじりついても※、三年はがんばります。」

아무리 고생이 되더라도 3년은 노력하겠습니다.

※ どんな苦しいことがあってもの意。
'어떤 괴로운 일이 있어도'의 의미

岩【名】いわ・ガン

- 岩山(いわやま：바위산)
- 岩石(がんせき：암석)

例文 ① 中国大陸には岩山が多い。

중국대륙에는 바위산이 많다.

② 北アルプスで岩壁を登った。

북 알프스에서 암벽을 올랐다.

砂【名】すな・サ・シャ

- 砂時計(すなどけい：모래시계)
- 砂漠(さばく：사막)
- 砂利(じゃり：자갈)

例文 ① 沖縄には星の形をした砂がある。

오키나와에는 별 모양을 한 모래가 있다.

② 幼稚園の砂場でよくけんかしたものだ。

유치원 모래밭에서 자주 싸웠었지.

土【名】つち・ド・ト

- 土煙(つちけむり：흙먼지)
- 粘土(ねんど：점토)
- 土地(とち：토지)

例文 ① この土地に生まれ、ここで育った。

이 고장에서 태어나고, 자랐다.

② 土埃をあげて、トラックが走って行く。

흙먼지를 일으키며 트럭이 달려간다.

森【名】もり・シン

- 森林(しんりん：삼림)

例文 ① 日本に昔からあった鎮守の森※がなくなりつつある。

일본에 옛날부터 있었던 토지신의 숲이 사라져간다.

※ その地域を災害から守る神が宿る森。

그 지역을 재해로부터 보호해 주는 신이 깃들어 있는 숲.

② 森林浴はリラックス効果がある。

삼림욕은 긴장을 푸는 효과가 있다.

林【名】はやし・リン

- 雑木林(ぞうきばやし：잡목림)
- 林道(りんどう：임간 도로)

例文 ① 海岸線に沿って、松林が続いている。

해안선을 따라 송림이 늘어서 있다.

② 香港は高層ビルが林立している。

홍콩은 고층 빌딩이 숲을 이루어 서 있다.

木【名】き・こ・ボク・モク

- 立ち木(たちき：입목)
- 原木(げんぼく：원목)
- 木漏れ日(こもれび：나뭇잎 사이로 새어드는 햇빛)
- 木材(もくざい：목재)

例文

① 庭に花の咲く木を植える。

정원에 꽃이 피는 나무를 심는다.

② この机は木目が美しい。

이 책상은 나뭇결이 아름답다.

花【名】はな・カ

- 花火(はなび：불꽃)
- 花壇(かだん：화단)

例文

① 送別会に花束を贈った。

송별회에 꽃다발을 보냈다.

② 花より団子。〈ことわざ〉

꽃보다 경단(금강산도 식후경).

※ 風流であるものより、実際に利益のあるものの方が大事だ。
풍류인 것보다 실제로 도움이 되는 것이 중요하다.

草【名】くさ・ソウ

- 草花(くさばな：초화)
- 薬草(やくそう：약초)

例文

① 庭の草を取るのも一仕事だ。

정원의 풀을 뽑는 것도 힘든 일이다.

② 北海道の草原で牧畜をしたい。

홋카이도의 초원에서 목축을 하고 싶다.

葉【名】は・ヨウ

- 落ち葉(おちば：낙엽)
- 紅葉(こうよう：단풍)

例文

① 山が燃えるように紅葉していた。

산이 불타는 듯이 단풍이 들었다.

② 枯葉舞う道を歩いた。

고엽이 흩날리는 길을 걸었다.

空 【名】そら・から・クウ・空(あ)く

- 青空(あおぞら：푸른 하늘)
- 空手(からて：가라테)
- 空気(くうき：공기)
- 空き室(あきしつ：빈방)

例文 ① 空を見上げながら歌った。

하늘을 올려다보며 노래했다.

② 上空から見る家々は、まるでマッチ箱のようだ。

상공에서 보는 집들은 마치 성냥갑 같다.

月 【名】つき・ゲツ・ガツ

- 月見(つきみ：달구경)
- 雪月花(せつげっか：눈과 달과 꽃)

例文 ① 月の光を浴びる。

달빛을 받다.

② 狼男は満月の夜に変身する。

늑대남자는 보름날 밤에 변신한다.

星【名】ほし・セイ・ショウ

- 流れ星(ながれぼし：유성)
- 星座(せいざ：별자리)
- 明星(みょうじょう：금성)

星
별 성

例文

① 満天の星の下、友と語り合う。

별이 가득한 하늘 아래서 벗과 말을 나누다.

② 天体観測で流星を見る。

천체 관측을 통해 유성을 보다.

雲【名】くも・ウン

- 雲間(くもま：운간)
- 雲海(うんかい：운해)

雲
구름 운

例文

① 雲一つなく青空が広がる。

구름 한 점 없이 푸른 하늘이 펼쳐지다.

② 雨雲が出てきたので、山を降りよう。

비구름이 나왔으니 산을 내려가자.

問題1 下から正しい単語を選びなさい。

(1) 今日は近くの<u>やま</u>にハイキングに行くつもりだ。

(2) 家族が<u>かわ</u>の字なって寝る。

(3) われわれは<u>みずうみ</u>でボートに乗りました。

(4) 彼女の庭の<u>いけ</u>には鯉がいます。

(5) 昨日学校に行く途中で、<u>いし</u>につまずいて転んでしまいました。

(6) 最近、海辺の<u>すな</u>がへりつつある。

(7) 庭に花の咲く<u>き</u>を植える。

(8) 庭の<u>くさ</u>を取るのも一仕事だ。

(9) <u>はな</u>より団子ということわざがある。

(10)<u>そら</u>を見上げながら歌を歌いました。

①山　　②川　　③湖　　④池　　⑤石
⑥砂　　⑦沼　　⑧岩　　⑨木　　⑩林
⑪空　　⑫草　　⑬花

17장

行事

- 正月・花見・盆・暮・祭り・誕生・成人・結婚・離婚・葬儀/葬式

正月【名】しょうがつ

- 正月気分(しょうがつきぶん：정월 기분)
- 寝正月(ねしょうがつ：설을 집에서 보냄)

例文 ① お正月は家族皆で初詣に行って、お餅を食べる。

정월에는 가족 모두 첫 참배를 가서 떡을 먹는다.

② 「正月休みは何日まで?」

신정연휴는 며칠까지입니까?

花見
꽃 화   볼 견

花見【名】はなみ

- 花見酒(はなみざけ：꽃놀이하면서 마시는 술)

例文 ① お花見といっても、一番の楽しみはお酒を飲むことだ。

꽃놀이 때 최고의 즐거움은 술 마시는 일이다.

② 吉野山の千本桜は花見の名所だ。

요시노 산의 센본자쿠라는 꽃놀이의 명소다.

盆【名】ぼん

동이 분

- 旧盆(きゅうぼん : 음력 7월 보름에 행하는 우란분회)
- 盆踊り(ぼんおどり : 음력 7월 15일 밤에 남녀들이 모여서 추는 윤무)

例文 ① お盆には田舎に帰って墓参りをする。

오봉 때는 고향으로 내려가 성묘를 한다.

② 盆と正月が一緒にきたように※忙しい。

오봉과 정월이 함께 온 것처럼 바쁘다.

※ うれしいことが重なったり、忙しくてたまらない様子。

경사가 겹치거나, 매우 바쁜 모양.

暮【名】くれ・ボ・暮(く)れる・暮(く)らす

저물 모

- 夕暮れ(ゆうぐれ : 해질 녘)
- 歳暮(せいぼ : 세모)

例文 ① 暮は大掃除とおせち料理の準備で忙しい。

연말에는 대청소와 명절 요리 준비로 바쁘다.

② 「今年の御歳暮※は、何にしようかしら?」

금년 연말선물은 무엇으로 해야 좋을지 모르겠어요

※ 世話になった人への年末の贈答を「御歳暮」、盆の贈答を「御中元」という。

신세진 사람에게 보내는 연말답례의 선물을 「御歳暮」, 오봉 때의 선물을 「御中元」이라 한다.

185

祭 _{제사 제}

祭り【名】まつり・サイ・祭(まつ)る

- 夏祭り(なつまつり：신사의 여름 제사)
- 祝祭日(しゅくさいじつ：축제일)

例文 ① 神社のお祭りで神輿をかつぐのが楽しみだ。

신사의 제사에서 신여를 메는 것이 즐거움이다.

② 町おこしのために祭りを復活させよう。

지역의 발전을 위해 마쓰리를 부활시키자.

誕生 _{태어날 탄　날 생}

誕生【名】たんじょう

- 誕生日(たんじょうび：생일)
- 誕生石(たんじょうせき：탄생석)

例文 ① 二十歳の誕生日パーティを開く。

스무 살 생일 파티를 열다.

② 四月の誕生石はダイヤモンドだ。

4월의 탄생석은 다이아몬드다.

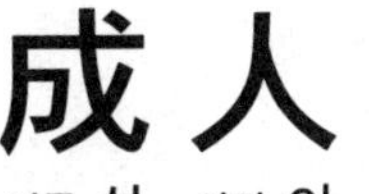

成人
이룰 성　사람 인

成人【名】【自】せいじん
- 成人式(せいじんしき：성인식)
- 成人映画(せいじんえいが：성인영화)

例文 ① 成人式に振袖を着て出席した。

성인식에 긴 소매 옷을 입고 출석했다.

② 成人病のことを生活習慣病という。

성인병을 생활습관병이라고 한다.

結婚
맺을 결　혼인할 혼

結婚【名】【自】けっこん
- 結婚式(けっこんしき：결혼식)
- 見合い結婚(みあいけっこん：중매결혼)

例文 ①「お見合いより、恋愛で結婚したいな。」

중매보다 연애로 결혼하고 싶어.

② 結婚式には御祝儀を持って行く。

결혼식에는 축의금을 가지고 간다.

離婚【名】【自】【他】りこん

떠날 리　혼인할 혼

例文

① 最近、熟年離婚が増えている。

최근 중년이혼이 늘고 있다.

② 2年別居して、離婚した。

2년 별거하고 이혼했다.

葬儀/葬式【名】そうぎ/そうしき

장사 장　거동 의　　장사 장　법식 식

● 葬儀社(そうぎしゃ：장의사)

例文

① 通夜や葬式を葬儀社に任せる。

경야와 장례 등을 장의사에 맡기다.

②「お葬式の御香典は、おいくらぐらいですか?」

장례식의 부의는 얼마 정도입니까?

問題1　下から適当な言葉を選びなさい。

(1) <u>正月</u>休みは何日までですか。
　　① しょうがつ　② しょうげつ　③ せいげつ　④ せいがつ

(2) 上野公園は<u>花見</u>で有名だ。
　　① けみ　② はなみ　③ ばなび　④ はなけん

(3) <u>くれ</u>は大掃除とおせち料理の準備で忙しい。
　　① 呉　　　② 昏　　　③ 初　　　④ 暮

(4) 町おこしのためには、<u>祭り</u>を復活させる必要がある。
　　① まつり　② まずり　③ ますり　④ ばつり

(5) <u>たんじょう</u>日パーティを開きたいと思います。
　　① 祝祭　　② 記念　　③ 誕生　　④ 結婚

(6) <u>成人</u>病のことを生活習慣病という。
　　① なると　② せいじん　③ なるびと　④せいしん

(7) 最近、熟年<u>りこん</u>が増えています。
　　① 離婚　　② 結婚　　③ 同居　　④ 婚約

18장

動物

犬・猫・牛・馬・豚・羊・猿・鳥・虫・亀

犬【名】いぬ・ケン

- 番犬(ばんけん：집 지키는 개)

例文 ① 私の家には秋田犬の子犬が一匹いる。

우리 집에는 아키타 견의 강아지가 한 마리 있다.

② 犬も歩けば棒に当たる。〈ことわざ〉

주제넘게 참견하다가는 혼이 난다.

나다니다 보면 뜻하지 않게 행운을 만나는 수도 있다.

※ 何かをしようとするとよく災いに会うものだ。

무엇인가를 하려고 하면 곧잘 재난을 만나는 법이다.

何かをすれば、時には思わぬ幸運に出会うものだ。

무엇인가를 하면 때로는 생각지 않은 행운을 만날 수도 있다.

猫【名】ねこ・ビョウ

- 三毛猫(みけねこ：백색, 흑색, 갈색이 섞인 털을 가진 고양이)

例文 ① 友だちは、オスメス併せて三匹の猫を飼っている。

친구들은 암컷 수컷을 합쳐 세 마리의 고양이를 기르고 있다.

② 猫に鰹節。〈ことわざ〉

고양이 곁에 가다랑어포.

※ すぐに餌食や犠牲になりそうで、危険であること。

牛【名】うし・ギュウ

- 乳牛(にゅうぎゅう：젖소)

例文 ① 牧場に牛が放牧されている。

목장에 소가 방목되고 있다.

② 牛に引かれて善光寺参り。〈ことわざ〉

소에 이끌리어 젠코지에 참배하다.

※ 他人に誘われるなど、偶然のきっかけで、よい行いに導かれること。
타인으로부터 권유 받는 등, 우연한 계기로 좋은 행사에 이끌려 가는 것.

馬【名】うま・ま・バ

- 馬小屋(うまごや：마구간)
- 絵馬(えま：말 그림의 액자)
- 競馬(けいば：경마)

例文 ① 遊牧民は馬に乗って移動する。

유목민은 말을 타고 이동한다.

② 馬の耳に念仏。〈ことわざ〉

말 귀에 경 읽기.

※ 人の意見を、うわのそらで聞き流しにすること。
타인의 의견을 건성으로 듣고 흘려보내는 것.

豚【名】ぶた・トン
돼지 돈

- 豚肉(ぶたにく：돼지고기)
- 養豚(ようとん：양돈)

例文 ① 「私は牛より豚が好物ですね。」

나는 소고기보다 돼지고기가 좋아요.

② 豚に真珠。〈ことわざ〉

돼지에 진주.

※ 価値のある物でも、そのことが分からない人にとっては何の役に立
たないこと。
가치가 있는 물건이라도 그것을 알지 못하는 사람에게 있어서는 아무런 의미
가 없다는 의미.

羊【名】ひつじ・ヨウ
양 양

- 羊飼い(ひつじかい：양치기)
- 羊毛(ようもう：양모)

例文 ① 祖父母へのお土産は羊羹にした。

조부모께 드리는 선물은 양갱으로 했다.

② 羊に虎の皮を着せる。〈ことわざ〉

양에게 호랑이 가죽을 입히다.

※ 中身がないのに外見ばかり整えること。
실속 없이 외견만 정비하는 것.

猿 원숭이 원

猿【名】さる・エン

- 猿真似(さるまね：원숭이 흉내)
- 猿人(えんじん：원인)

 ① 人家の近くにも野生の猿が下りてくる。

인가 근처에도 야생 원숭이가 내려온다.

② 猿も木から落ちる。〈ことわざ〉

원숭이도 나무에서 떨어진다.

※ その道の名人や達人でも失敗することがあること。
그 계통의 명인이나 달인이라도 실패하는 수가 있다는 것.

鳥 새 조

鳥【名】とり・チョウ

- 渡り鳥(わたりどり：철새)
- 野鳥(やちょう：들새)

 ① 野鳥観察には双眼鏡があるとよい。

들새 관찰에는 쌍안경이 있으면 좋다.

② 立つ鳥跡を濁さず。〈ことわざ〉

떠나가는 새는 머물러 있던 곳을 더럽히지 않는다.

※ 自分が立ち去った跡が見苦しくないようにきちんとしておくこと。
자신이 떠난 흔적이 추하게 보이지 않도록 잘 정리해 둔다는 뜻.

虫【名】むし・チュウ

- 泣き虫(なきむし：울보)
- 昆虫(こんちゅう：곤충)

例文 ① 秋の虫は羽を摺り合わせて鳴く。

가을 벌레는 날개를 비벼서 운다.

② 一寸の虫にも五分の魂。〈ことわざ〉

한 치의 벌레에도 닷 푼의 혼.

※ 小さい、弱いものにも、それなりの意地はあるものだ。
작고 연약한 생물체에도 나름대로의 마음(정신)이 존재한다.

亀【名】かめ・キ

- 亀甲(きっこう：귀갑)

例文 ① 浦島太郎は亀の背中に乗って竜宮城へ行った。

우라시마타로는 거북의 등을 타고 용궁성으로 갔다.

② 鶴は千年、亀は万年。〈ことわざ〉

학은 천 년, 거북은 만 년.

※ 長生きでめでたいこと。
장수하여 경사스러운 것.

問題1 最も適当な言葉を選びなさい。

(1) 私の家には<u>子犬</u>が二匹います。
　　① こけん　② こけん　③ こいぬ　④ ごいぬ

(2) 彼は、オスメスあわせて三匹の<u>猫</u>を飼っているそうです。
　　① ねこ　　② うし　　③ うじ　　④ ねご

(3) 遊牧民は<u>うま</u>に乗って移動する。
　　① 牛　　　② 豚　　　③ 馬　　　④ 鳥

(4) 彼女は牛より<u>ぶた</u>が好物だそうです。
　　① 猫　　　② 亀　　　③ 猿　　　④ 豚

(5) <u>羊</u>に虎の皮を着せる。
　　① ひづじ　② ひつじ　③ びつじ　④ よ

(6) 夏は<u>虫</u>の季節だ。
　　① むし　　② ちゅ　　③ むじ　　④ ちょう

(7) <u>さる</u>も木から落ちることがある。
　　① 猫　　　② 亀　　　③ 鳥　　　④ 猿

19장

色

赤・黄・白・青・緑・黒・紅・金・銀・銅

赤

붉을 적

赤【名】あか・セキ・シャク・赤(あか)い

- 赤ちゃん(あかちゃん : 아기)
- 赤飯(せきはん : 팥밥)
- 赤銅(しゃくどう : 적동)

例文

① 彼は赤の※他人だ。

그는 전혀 관계가 없는 사람이다.

※ 全くの。
완전한, 전혀

② 人前に出ると赤面する。

사람들 앞에 나서면 얼굴이 빨개진다.

黄

누를 황

黄【名】き・こ・コウ・オウ

- 黄色(きいろ : 황색)
- 黄金(こがね : 황금)
- 黄河(こうが : 황하)
- 黄土(おうど : 황토)

例文

① アイドルのコンサートでは黄色い声が鳴り響く。

아이돌의 콘서트에서는 새된 소리가 울려 퍼진다.

②「彼は、まだまだくちばしが黄色い※よ。」

그는 아직 애송이다.

※ 年が若く、経験不足だ。
나이가 젊고, 경험부족이다.

白
흰 백

白【名】しろ・しら・ハク・ビャク・
白(しろ)い

- 白バイ(しろばい：백색 오토바이)
- 白雪(しらゆき：흰 눈)
- 白衣(はくい：백의, 흰 옷)

例文 ① 「彼は犯人じゃない。白だ。」

그는 범인이 아니다. 무죄다.

※ 潔白、無罪。
결백, 무죄

② この問題については、白黒はっきりさせたい。

이 문제에 대해서는 흑백을 명확히 가리고 싶다.

青
푸를 청

青【名】あお・セイ・ショウ・青(あお)い

- 青葉(あおば：신록)
- 青年(せいねん：청년)

例文 ① 「どうしたの?顔が青いわよ。」

어떻게 된 거에요? 얼굴이 새파래요.

② 「息子は、まだ青二才※で困ったものです。」

아들은 아직 풋내기라서 큰일입니다.

※ 年が若く、経験不足だ。
젊고, 경험부족이다.

緑 【名】みどり・リョク・ロク
푸를 록

- 緑色(みどりいろ：녹색)
- 緑地(りょくち：녹지)

例文

① 緑したたる五月がやってきた。

푸르름이 넘치는 5월이 왔다.

② 彼女の緑の黒髪※が美しい。

그녀의 윤기 있는 머리결이 아름답다.

※ 若い女性などの伸びのいい、黒くてつやの有る髪。
젊은 여성의 잘 자라고 검고 윤기 있는 머릿결.

黒 【名】くろ・コク・黒(くろ)い
검을 흑

- 黒幕(くろまく：흑막)
- 暗黒(あんこく：암흑)

例文

①「あいつは腹の黒い男だ。」

그 녀석은 뱃속이 검은 남자다.

② 私が目の黒いうち※は文句を言わせない。

내가 살아 있는 동안은 불만을 늘어놓지 못하게 하겠다.

※ 自分が生きている間。
자신이 살아있는 동안.

붉을 홍

紅【名】べに・くれない・コウ・ク

- 口紅(くちべに：입술연지)
- 紅白(こうはく：홍백)
- 真紅(しんく：진홍)

例文　① 彼女は同期で紅一点※だ。

그녀는 동기 중 홍일점이다.

※　多くの男性の中に女性が一人交じっていること。
많은 남성 중에 여성이 한 사람 끼어 있는 것.

② 大晦日はNHKの紅白歌合戦を見る。

섣달 그믐날은 NHK의 가요홍백전을 본다.

쇠 금

金【名】かね・かな・キン・コン

- 金目(かねめ：값어치)
- 金色(きんいろ：금색)
- 金物(かなもの：철물)
- 金色(こんじき：금색)

例文　① 東南アジアには金粉で覆われた仏像がある。

동남아시아에는 금분으로 덮인 불상이 있다.

② 沈黙は金。〈ことわざ〉

침묵은 금이다.

※　黙っていることが、時には雄弁よりも上策だ。
침묵하는 것이 때로는 웅변보다 낫다.

銀【名】ギン

- 銀色（ぎんいろ：은색）

例文 ① マリリン・モンローは永遠の銀幕のスターだ。

마릴린 먼로는 영원한 은막의 스타다.

② 野球選手20年目の彼のプレーはいぶし銀と評される。

야구선수로 20년째인 그의 플레이는 실속 있는 것으로 평가된다.

銅【名】どう

- 銅像（どうぞう：동상）

例文 ①「銅メダルだって、立派なものだ。」

동메달도 훌륭한 것이다.

② 海の男の顔は赤銅色に輝く。

바다 남자의 얼굴은 적동색으로 빛난다.

問題1　最も適当な言葉を選びなさい。

(1) 私にとって、彼は<u>赤</u>の他人です。
　　① あか　　② しろ　　③ くろ　　④ みどり

(2) あの人は犯人じゃなかった。<u>しろ</u>だった。
　　① 黄　　　② 黒　　　③ 白　　　④ 緑

(3) 彼女の<u>緑</u>の黒髪が美しい。
　　① みとり　② あお　　③ あか　　④ みどり

(4) どうしたんですか。顔色が<u>青</u>くなりましたよ。
　　① あお　　② あか　　③ くろ　　④ きいろ

(5) 彼女は大学の同期のなかで<u>紅</u>一点だ。
　　① べに　　② く　　　③ べい　　④ こう

(6) 鈴木選手が今回のアジア大会で<u>ぎん</u>メダルを獲得しました。
　　① 銀　　　② 金　　　③ 銅　　　④ 今

(7) <u>銅</u>メダルだって、<u>立派</u>なものだ。
　　① とう　　② と　　　③ どう　　④ ど

20장

その他(生活のことば)

- 案内・注意・危険・禁止・非常口・喫煙/禁煙・有料/無料・半額・割引・宅配
- 都道府県・市町村・区・島・町・村・中央/地方・都会/田舎・内・外

※家賃・食費・交通費・光熱費・教育費・?医療費・電気代・水道料・ガス代・交際費・娯楽費・税金

案内
책상 안　안내

案内【名】【他】あんない

- 案内所(あんないじょ：안내소)
- 案内図(あんないず：안내도)

例文
① 学校内を案内する。

학교 내를 안내하다.

②「すぐ、お席にご案内します。」

곧 자리로 안내하겠습니다.

注意
물댈 주　뜻 의

注意【名】【自】ちゅうい

- 要注意(ようちゅうい：요주의)
- 落石注意(らくせきちゅうい：낙석주의)

例文
① 車に注意して道を渡る。

자동차에 주의해서 길을 건너다.

②「細心の注意を払ってください。」

세심한 주의를 기울여 주십시오.

危険

위태할 위　험할 험

危険【名】きけん

● 危険信号(きけんしんごう：위험신호)
● 危険物(きけんぶつ：위험물)

例文 ① 夜道は危険だ。

밤길은 위험하다.

②「危険を感じたら、すぐに止めるように。」

위험을 느끼면 곧 그만두도록.

禁止

금할 금　그칠 지

禁止【名】【他】きんし

● 立ち入り禁止(たちいりきんし：출입금지)
● 使用禁止(しようきんし：사용금지)

例文 ① そこは駐車禁止だ。

그곳은 주차금지다.

② 発火のおそれがあり、その製品は発売禁止になった。

발화 우려가 있어서 그 제품은 발매금지되었다.

非常口
아닐 비　항상 상　입구

非常口【名】ひじょうぐち

例文 ① ホテルに泊まる時は、まず非常口を確認する。

호텔에 숙박할 때는 우선 비상구를 확인한다.

②「火事が起きたら、必ず非常口の階段を利用してください。」

화재가 일어나면 반드시 비상구의 계단을 이용해 주십시오.

喫煙
마실 끽　연기 연 禁煙
금할 금　연기 연

喫煙/禁煙【名】【自】きつえん/きんえん

- 喫煙室(きつえんしつ：끽연실)
- 喫煙車(きつえんしゃ：금연차)
- 会場内禁煙(かいじょうないきんえん：회장 내 금연)
- 禁煙席(きんえんせき：금연석)

例文 ①「新幹線ですが、喫煙車の席を1枚お願いします。」

신칸센의 끽연차 좌석을 하나 부탁합니다.

②「禁煙席の予約をお願いします。」

금연석 예약을 부탁드립니다.

有料/無料【名】ゆうりょう/むりょう

- 有料道路(ゆうりょうどうろ：유료도로) ● 有料施設(ゆうりょうしせつ：유료시설)
- 入場無料(にゅうじょうむりょう：무료입장)
- 無料電話(むりょうでんわ：무료전화)

例文 ①「小学生以上は有料になります。」

초등학생 이상은 유료입니다.

②「無料でサンプルを差し上げています。」

무료로 샘플을 드리고 있습니다.

割引【名】わりびき

- 割引券(わりびきけん：할인권)

例文 ①「セール期間中に付き、30パーセントの割引です。」

세일 기간 중이기 때문에 30퍼센트 할인입니다.

②「割引券があるんですが、使えますか。」

할인권이 있는데, 사용할 수 있습니까?

半額
반 반　　이마 액

半額【名】はんがく

 ①「奥さん、半額セールで安いよ。」

부인, 반액 세일이라 쌉니다.

② スーパーのお惣菜は、6時以降半額になる。

슈퍼마켓의 반찬류는 6시 이후에 반액이 됩니다.

宅配
집 택　　짝 배

宅配【名】たくはい

● 宅配便(たくはいびん：택배편)

 ① コンビニに宅配を頼むことができる。

편의점에 택배를 부탁할 수 있다.

② 冷凍食品も簡単に宅配便で送れる。

냉동식품도 간단히 택배편으로 보낼 수 있다.

国【名】くに・コク

- 国境(くにざかい：国境)
- 母国(ぼこく：모국)

例文 ① 国民には義務と権利がある。

국민에게는 의무와 권리가 있다.

② 「僕の国※は四国松山です。」

내 고향은 시코쿠의 마쓰야마입니다.

※ 故郷。
고향.

都道府県【名】とどうふけん

例文 ① 日本には48都道府県がある。

일본에는 48개의 도도부현이 있다.

② 都道府県には、それぞれの知事がいる。

도도부현에는 각각의 지사가 있다.

213

市(区)町 村

저자 시 (구역 구)　밭두둑 정　마을 촌

市(区)町村【名】し(く)ちょうそん

例文 ① 市町村は基礎的な地方公共団体である。

시정촌은 기초적인 지방 공공단체이다.

② 財政難から市町村合併が進んでいる。

재정난으로 인해 시정촌의 합병이 추진되고 있다.

밭두둑 정

町【名】まち・チョウ

- 城下町(じょうかまち：성하정)
- 町内(ちょうない：정내)

例文 ① 金沢は加賀百万石の城下町だ。

가나자와는 가가 백만 석 규모의 성하정이다.

② 町内会でボランティアをする。

정내회에서 자원봉사 활동을 하다.

村【名】むら・ソン

마을 촌

- 村落(そんらく : 촌락)

例文

① 診療所は村に一つしかない。

진료소는 촌 당 하나밖에 없다.

② 村人の役で時代劇のエキストラをしたことがある。

마을 사람 역으로 시대극의 엑스트라를 한 일이 있다.

島【名】しま・トウ

섬 도

- 佐渡島(さどがしま : 사도가시마)
- 島国(しまぐに : 섬나라)
- 離島(りとう : 낙도)

例文

① 島に行くには定期船を利用する。

섬으로 가는 데는 정기선을 이용한다.

② 沖縄県は沖縄本島と多くの島々からなる。

오키나와 현은 오키나와 본도와 많은 섬들로 이루어져 있다.

地方
땅 지　모 방

地方【名】ちほう

- 関東地方(かんとうちほう：간토 지방)
- 地方色(ちほうしょく：지방색)

例文 ① 東北地方には有名なスキー場と温泉がたくさんある。

도호쿠 지방에는 유명한 스키장과 온천이 많이 있다.

② 「地方色あふれる名産品の数々をご賞味ください。」

향토색 넘치는 가지가지 명산품을 음미해 주십시오.

都会
도읍 도　모을 회

都会【名】とかい

- 大都会(だいとかい：대도회)

例文 ① 都会は便利だが、物価が高い。

도회는 편리하지만 물가가 높다.

② 若い人は都会に憧れるものだ。

젊은 사람은 도회를 동경하는 법이다.

田舎【名】いなか

● 田舎者(いなかもの：시골 사람)

例文

① 田舎の母に電話をした。

시골의 어머니께 전화를 드렸다.

② 定年になったら、田舎暮らしをするつもりだ。

정년이 되면 전원생활을 할 생각이다.

故郷【名】こきょう・ふるさと

● 故郷意識(ふるさといしき：고향 의식)

例文

① 子供の時に遊んだ故郷の山や川が思い出される。

어린 시절 뛰어 놀던 고향의 산과 강이 생각난다.

② 誰(だれ)にでも心の故郷※はあるだろう。

누구에게나 마음의 고향은 있을 것이다.

※ それに接すれば、心の安らぎが得られる所やもの。
그것에 접하면, 마음의 안식을 얻을 수 있는 장소나 사물.

問題1　下から漢字の単語を選びなさい。

(1) 学校内を<u>あんない</u>する。

(2) <u>きけん</u>を感じたら、すぐ<u>止</u>めたほうがいいと思います。

(3) この地域は、<u>立ち入りきんし</u>になっております。

(4) 飛行機のなかでは<u>きんえん</u>です。

(5) このサンプルは<u>むりょう</u>ですか。

(6) この製品は、<u>はんがく</u>セール中です。

(7) 最近は、コンビニでも<u>たくはい</u>を頼むことができます。

(8) 東北<u>ちほう</u>は有名なスキー場がたくさんあります。

(9) <u>とかい</u>は物価が高いですが、いろんな面で便利です。

(10)子供の時に遊んだ<u>ふるさと</u>の山が思い出された。

① 禁煙　② 禁止　③ 宅配　④ 地方　⑤ 危険　⑥ 案内
⑦ 都会　⑧ 喫煙　⑨ 故郷　⑩ 半額　⑪ 無料　⑫ 有料

p. 15

問題1　(1) ③　　　　　(2) ④

問題2　(1) ②　　　　　(2) ③

問題3　(1) ③　　　　　(2) ②, ⑤　　　　　(3) ①, ④

p. 21

問題1　(1) ②　　　　　(2) ①　　　　　(3) ①

問題2　(1) 明日　　　　(2) 来週　　　　(3) 今日　　　　(4) 毎月

　　　　(5) 初日　　　　(6) 去年　　　　(7) 昨日

p. 29

問題1　(1) ③　　　　　(2) ④　　　　　(3) ①　　　　　(4) ③

問題2　(1) 蒸し暑い。

　　　　(2) 津波が来る場合が多い。

　　　　(3) どこかへ出かけたくなる。

　　　　(4) 雨まで降ってきた。

　　　　(5) 道がすべるようになった。

p. 38

問題1　(1) ①　　　　　(2) ②

問題2　(1) ③　　　　　(2) ①, ④　　　　　(3) ③

　　　　(4) ①　　　　　(5) ④

問題3　(1) ③　　　　　(2) ①

問題1　(1) ①　　　　　(2) ③

問題2　(1) ④　　　　　(2) ①　　　　　(3) ⑤

　　　　(4) ②　　　　　(5) ⑥　　　　　(6) ③

問題1　(1) ④　　　　　(2) ①　　　　　(3) ③　　　　　(4) ②

問題2　(1) ①　　　　　(2) ③　　　　　(3) ②

問題1　(1) ②　　　　　(2) ③　　　　　(3) ④

問題2　(1) ③　　　　　(2) ⑥　　　　　(3) ②

　　　　(4) ①　　　　　(5) ④

問題1　(1) ②　　　　　(2) ②

問題2　(1) ③　　　　　(2) ④

問題3　(1) 名刺　　　　(2) 代表取締役

　　　　(3) 制服　　　　(4) 部下

問題1　(1) ①　　　　　(2) ②　　　　　(3) ③

　　　　(4) ③　　　　　(5) ①

問題2　(1) ③　　　　　(2) ②　　　　　(3) ①　　　　　(4) ④

問題1　(1) ②　　　(2) ③　　　(3) ⑦　　　(4) ⑧
　　　　(5) ①　　　(6) ⑤　　　(7) ⑥
問題2　(1) ④　　　(2) ③　　　(3) ④

問題1　(1) ④　　　(2) ⑦　　　(3) ⑤　　　(4) ③
　　　　(5) ②　　　(6) ①　　　(7) ⑥　　　(8) ⑨
　　　　(9) ⑩　　　(10) ⑧

問題1　(1) ③　　　(2) ①　　　(3) ⑤
問題2　(1) ②　　　(2) ③　　　(3) ①

問題1　(1) 油　　　(2) お肉　　　(3) 野菜
　　　　(4) 卵　　　(5) 塩
問題2　(1) ③　　　(2) ②　　　(3) ②
　　　　(4) ①　　　(5) ①　　　(6) ②

問題1　(1) ①　　　(2) ④　　　(3) ④
　　　　(4) ②　　　(5) ①
問題2　(1) ③　　　(2) ②　　　(3) ①, ②

(4) ④　　　　　(5) ④

p. 156

問題1　(1) ①　　　(2) ③　　　(3) ④　　　(4) ①
　　　　(5) ③　　　(6) ①　　　(7) ①　　　(8) ④

p. 168

問題1　(1) ①　　　(2) ③　　　(3) ④　　　(4) ②
　　　　(5) ①　　　(6) ④　　　(7) ②　　　(8) ④
　　　　(9) ③　　　(10) ①　　　(11) ④　　　(12) ②
　　　　(13) ①

p. 182

問題1　(1) ①　　　(2) ②　　　(3) ③　　　(4) ④
　　　　(5) ⑤　　　(6) ⑥　　　(7) ⑨　　　(8) ⑫
　　　　(9) ⑬　　　(10) ⑪

p. 189

問題1　(1) ①　　　(2) ②　　　(3) ④　　　(4) ①
　　　　(5) ③　　　(6) ②　　　(7) ①

p. 197

問題1　(1) ③　　　(2) ①　　　(3) ③　　　(4) ④
　　　　(5) ②　　　(6) ①　　　(7) ④

p. 205

問題1　(1) ①　　　(2) ③　　　(3) ④　　　(4) ①
　　　　(5) ④　　　(6) ①　　　(7) ③

p. 218

問題1　(1) ⑥　　　(2) ⑤　　　(3) ②　　　(4) ①
　　　　(5) ⑪　　　(6) ⑩　　　(7) ③　　　(8) ④
　　　　(9) ⑦　　　(10) ⑨

키워드로 배우는 일본어 한자

초판 1쇄 발행일 | 2007년 11월 25일
초판 1쇄 인쇄일 | 2007년 11월 30일
지은이 | 임명수·차일근·최석완·하야시 토모코
펴낸이 | 박영희
표　　지 | 정지영
편　　집 | 정지영·허선주
펴낸곳 | 도서출판 어문학사
　　　　132-891 서울특별시 도봉구 쌍문동 525-13
　　　　전화: 02-998-0094 / 팩스: 02-998-2268
　　　　홈페이지: www.amhbook.com
　　　　e-mail: am@amhbook.com
　　　　등록: 2004년 4월 6일 제7-276호

인지는
저자와의
합의하에
생략함

ISBN　978-89-6184-031-6　13730
정　　가 | 12,000원

※ 잘못 만들어진 책은 교환해 드립니다.